팔수록 더 깊어지는
발굴 이야기

팔수록 더 깊어지는
발굴 이야기

한국 고대사를 다시 쓴 52장면

이한상 지음

책과함께

들어가며

오늘 우리가 살고 있는 이 땅은 과거 수많은 사람들이 삶을 영위했던 공간입니다. 그들은 역사의 무대에서 사라졌지만, 그 흔적은 땅속 깊은 곳에 차곡차곡 쌓여 지금도 남아 있습니다. 고고학자들은 그러한 흔적을 찾아내어 역사의 빈 페이지를 채워나가기 위해 오늘도 쉼 없이 노력하고 있습니다. 이 과정을 고고학자들은 '발굴'이라고 부릅니다.

발굴이라는 말은 일상에서 새로운 것을 찾아내거나 밝혀낼 때에도 쓰입니다. 그러나 고고학자들에게 발굴은 단순히 땅속에서 무엇인가를 파내는 행위를 넘어, 역사 속에 감춰진 실타래를 하나씩 풀어내는 학문적 작업을 의미합니다. 우연히 세상에 모습을 드러낸 유물 한 조각이 과거 사람들의 일상과 문화를 생생히 증언하는, 가슴 벅찬 순간도 마주하게 됩니다.

문헌 기록이 전혀 없는 선사시대는 물론이고, 기록이 남아 있는 역사시대의 유적과 유물 발굴도 매우 중요합니다. 당시 사회와 문화를 직접적으로 증언하는 문헌 기록이 부족하기에, 땅속에 묻힌 유적과 유물은 과거를 이해하는 데 없어서는 안 될 단서가 됩니다. 이러한 이유로 고고학자들은 전국 각지와 세계 곳곳에 묻혀 있는 유적과 유물에 새로운 생명을 불어넣고자 끊임없이 노력하고 있습니다. 이들의 작업은 역사의 비어 있는 공간을 채우고, 우리와 과거를 연결 짓는 중요한 역할을 하고 있습니다.

바로 이러한 발굴 이야기를 이 책에 담았습니다. 지난 한 세기 동안 이루어진 발굴 가운데, 한국 문명이 어떤 과정을 거쳐 탄생하고 발전해왔는지를 보여주는 선사와 고대 유적 발굴 사례들을 정리해보았습니다.

중요한 성과를 낸 발굴은 흔히 '교과서를 바꿀 수 있는 발굴'로 평가됩니다. 그 정도로 획기적인 발굴 사례들을 이 책에 소개했습니다. 저명한 유적과 유물에 대한 설명이 주를 이루지만, 최근 진행된 '따끈따끈한 발굴 속보'도 포함되어 있어 독자들은 새로운 발굴 현장의 느낌을 공유할 수 있을 것입니다.

첫 이야기는 선사시대 유적인 동삼동 조개무지에서 시작됩니다. 부산 영도 바닷가에서 우연히 모습을 드러낸 이 조개무지에는 아득한 옛날 그곳에 살았던 사람들의 삶이 고스란히 묻혀 있었습니다. 그들은 농사짓고 물고기도 잡고 조개도 채취하며 생계를 유지했습니다. 유적에서는 이들의 집터와 무덤, 바다 건너 일본 열도와 교류했던 흔적, 심지어 대변 화석까지 발견되어 당시 생활상을 생생히 보여주었습니다.

청동기시대의 역사를 다시 쓰게 만든 발굴 중에는 안타깝게도 고고학자가 아니라 주민들이 우연히 발견했거나, 호기심에 파헤친 사례가 많았습니다. 문화유산에 대한 사회적 인식이 높지 않았던 시절에 일어난 일들입니다.

다호리 무덤에서는 도굴꾼들이 손을 댔다가 떠난 이후에도 놀라운 발견이 이루어졌습니다. 이천 년 전의 통나무 목관 아래에 유물이 가득 담긴 '보물 바구니'가 숨겨져 있던 것입니다. 이 발견은 세상을 떠들썩하게 만들었지만, 도굴의 진화와 유적 훼손에 대한 경각심을 일깨우는 계기가 되었습니다. 도굴은 우리 문화유산을 약탈, 훼손하는 행위로, 이를 방지하고 처벌하는 대책의 강화가 절실합니다.

고대사회를 상징하는 대표적인 유적과 유물로는 거대한 왕릉급 무덤과 국가적인 사찰터가 있습니다. 당대 최고의 기술과 미감을 담아 만든 유물이 다수 출토된 이 유적들은 고대사의 많은 수수께끼를 품고 있습니다. 역사 기록이 포함된 유물이 더러 발견되기도 합니다.

백제 무령왕릉에서는 무덤의 주인공이 백제 25대 무령왕과 그의 부인임을 알려주는 지석이 출토되었습니다. 이 지석에는 그들이 무덤에 안치되기까지 27개월간 장례 절차를 진행했다는 기록이 담겨 있어, 고대 장례 문화 연구에 귀중한 자료가 되었습니다. 익산 미륵사지 서탑 발굴에서는 미륵사를 창건한 인물이 신라 출신 선화왕후가 아니라 백제 귀족 가문 출신 사택왕후임이 밝혀지며 새로운 역사적 사실을 제시했습니다.

아쉽게도 신라 무덤에서는 역사 기록이 발견되는 경우가 드뭅니다. 그러나 금관, 금귀걸이, 금허리띠 등 황금 유물이 다수 출토되며, 고신라 사회의 정치·사회·문화적 면모를 살펴볼 수 있는 단서를 제공합니다. 특히 경주 월지의 발굴품은 신라 고고학의 대표적인 사례로 꼽힙니다. 월지에 가라앉아 있던 유물들은 펄 속에 고스란히 보존되어 있다가 세상에 모습을 드러냈습니다. 이 유물들은 신라의 영화로운 시절을 생생히 보여주는 귀중한 자료로, 과거의 화려했던 문화를 지금 우리 앞에 되살려주었습니다. 이렇듯 발굴된 유적과 유물은 단순히 과거의 흔적에 그치지 않고, 과거의 삶과 문화를 복원하며 우리 역사를 풍부하고 입체적으로 만들어줍니다.

이 책의 집필은 우연한 계기에서 시작되었습니다. 허윤희, 김상운 기자께서 다리를 놓아준 덕분에 조선일보와 동아일보에 8년 가까이 발굴 이야기를 연재할 수 있었습니다. 그 연재물이 쌓여 이 책이 탄생하게 되었습니다. 그간 거친 원고를 세심히 다듬어주신 두 신문사의 문화부와 오피니언팀 관계자 여러분께 깊은 감사의 마음을 전합니다. 아울러 필자가 대중적 글쓰기에 나설 수 있도록 도움을 준 신형준, 김태식 전 기자께도 사의를 표합니다.

더위와 추위 등 어려운 환경 속에서도 발굴 현장을 묵묵히 지키며 새로운 사실들을 밝혀낸 고고학자들의 헌신도 빼놓을 수 없습니다. 이 자리를 빌려 그분들께 진심으로 감사의 말씀을 전하고 싶습니다. 이 책은 그들의 노력과 열정이 만들어낸 소중한 결과물입니다.

이 책에는 여전히 비어 있는 부분이 많습니다. 유적과 유물은 그 자체로 완전한 이야기를 담고 있지 않은, 편린적 성격을 지니고 있기 때문입니다. 고고학자들의 노력에도 불구하고 우리는 아직도 역사의 모자이크에서 극히 일부만을 채워나가고 있는 셈입니다. 이러한 작은 조각들이 모이고 연결될 때, 비로소 우리가 알지 못했던 과거의 풍경이 점차 선명하게 드러날 것입니다.

앞으로 발굴과 연구를 통해 우리 선사와 고대사의 모습이 더욱 완전해지고 선명해지기를 바랍니다. 이는 단순히 과거를 밝히는 작업을 넘어, 오늘날 우리가 미래를 준비하는 데 중요한 밑거름이 될 것입니다.

이한상

차례

선사

8000년 전 쓰레기 더미에 숨겨진 고대 생활사

오늘날 세계 각국은 생활 쓰레기 처리로 몸살을 앓는다. 우리나라도 예외가 아닌데, 쓰레기 가운데 일부는 태우고 일부는 땅에 묻는다. 막대한 돈을 내고 쓰레기를 외국으로 내보내는 나라도 있다. 생활 쓰레기 문제는 앞으로 우리나라뿐만 아니라 지구촌 차원에서 한층 더 중요한 이슈가 될 것이다.

한편 '쓰레기'를 반기는 사람들도 있으니 바로 고고학자들이다. 물론 고고학자들이 선호하는 것은 전근대 시기의 쓰레기에 한정된다. 옛사람들이 버린 쓰레기 더미 속의 음식물 찌꺼기, 망가진 가재도구, 배설물 등은 당시 삶을 생생히 보여주는 결정적 증거가 된다.

동삼동 패총에 밀봉된 신석기 문화

고대의 생활 쓰레기는 패총貝塚, 즉 조개무지에서 종종 출토된다. 바닷가 사람들이 조개를 채취해 먹은 다음 패각(껍데기)을 집 주변 경사지에 버려서 생긴 더미가 바로 패총이다. 우리나라에서 가장 오래된 패총은 부산 영도 바닷가에 자리한 동삼동 패총이다.

이 패총은 1929년 동래고등보통학교 교사가 발견한 이래 1964년까지 외국인들이 몇 번에 걸쳐 소규모 조사를 진행했다. 정밀 조사는 1969년 3월에야 이루어졌다. 당시 정부가 추진하던 '문화유산 종합 조사 5개년 계획'의 일환으로 국립박물관(현 국립중앙박물관) 발굴팀이 우리나라 신석기 문화를 밝히기 위해 동삼동 패총 발굴에 착수한 것이다.

밭으로 경작되던 흙을 제거하자 패각층이 나왔고 그 아래에 검은색 흙이 퇴적되어 있었다. 발굴을 시작한 지 1주일 만에 토기 조각과 함께 조가비 팔찌가 출토됐다. 이날부터 토기, 동물 뼈, 석기 등이 다량으로 쏟아져 나왔다. 이듬해 진행된 2차 조사에서 일본 규슈에서 들여온 조몬繩文 토기가 확인되었다. 3차 조사가 한창이던 1971년 4월에는 중요 유물이 또 하나 발견됐다. 발굴팀의 환호

선사

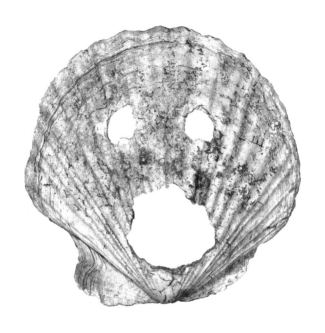

1971년 부산 영도구 동삼동 바닷가 패총에서 출토된 신석기시대 조가비탈. 길이 10.7센티미터의 작은 크기로, 장난감 또는 무엇인가를 상징하기 위해 만든 물건으로 추정된다. 국립중앙박물관 제공.

속에 확인된 유물은 길이 10.7센티미터의 가리비에 작은 구멍 2개와 큰 구멍 1개를 뚫어 만든 탈이었다. 우리나라 신석기 문화를 대표하는 예술품이 세상에 모습을 드러내는 순간이었다.

1999년 부산박물관 조사팀이 추가 조사를 벌여 집터와 옹관묘, 불탄 기장과 조 등을 찾아냈다. 자연과학적 방법으로 연대를 측정한 결과 이 유적은 기원전 6000년 무렵 처음 만들어진 후 약 4000

년 동안 간헐적으로 사람들이 살았던 곳으로 밝혀졌다.

신석기시대 동삼동 바닷가 사람들이 버린 쓰레기 더미에는 그들의 일상이 차곡차곡 쌓여갔다. 그들의 삶은 수천 년간 밀봉되어 있다가 발굴을 통해 고스란히 드러났다. 동삼동 패총은 그 시대 사람들이 물고기를 잡거나 동물을 사냥했고 기장이나 조 등 잡곡 농사를 지었으며, 조가비로 장신구와 예술품을 만들고 멀리 규슈에 살던 사람들과도 교류했음을 생생히 알려주었다.

2000년간 보존된 벼 껍질과 현악기

기원을 전후한 시기에는 한반도 중남부에서도 철기를 본격적으로 사용했다. 철기 사용은 사람들의 삶을 획기적으로 개선했다. 그 시기 사람들이 어떻게 살았는지를 보여주는 유물이 1992년 전라도 광주의 한 유적에서 쏟아져 나왔다.

그해 6월, 국립광주박물관 조사팀은 광주 신창동에서 발굴을 시작했다. 도로 공사로 유적이 훼손되기 일보 직전 가까스로 공사를 중지하고 발굴에 착수할 수 있었다. 조사원들은 몇 지점을 골라 유적의 분포 범위부터 파악하기로 했다. 구릉 사이에 자리한 골짜기의 경우 일부분을 바둑판처럼 구획한 다음 한 곳, 한 곳 조심스레 파 들어갔다. 교란된 겉흙을 먼저 제거하고 1미터가량 파 들어가니 밝은 색조의 단단한 흙이 나타났다. 그곳에서 멈출까 잠시 고민

신창동 유적에서 나온 부채의 나무 자루(길이 16.4센티미터). 유력한 인물들이 위세를 드러내기 위해 사용하던 물건으로, 몸체에 새털을 끼워 사용했다. 국립광주박물관 제공.

했지만 조금 더 파보기로 했다. 단단한 층을 걷어내자 암반층이 나오리라는 예상과 달리 펄이 있었다.

펄을 조금씩 들어내자 빗, 칼자루, 괭이, 싸리비가 드러났고 불탄 쌀과 벼 껍질이 곳곳에서 발견됐다. 유물은 대부분 방금 공방에서 만든 듯 보존 상태가 완벽했다. 귀중한 유적 발굴에 조사원들은 환호했다. 하지만 막대한 양의 목제품을 제대로 수습해 보존 처리할 여건이 안 되어 발굴을 중단할 수밖에 없었다.

신창동 유적에서 출토된 초기 철기시대 현악기(길이 77.2센티미터). 연못 속 촉촉한 펄에 밀봉된 덕분에 보존 상태가 완벽하다. 국립광주박물관 제공.

차근차근 발굴을 준비한 끝에 1995년 마침내 연차 발굴을 시작했다. 이때 옻칠한 칼집, 부채 자루, 신골(신발 형태를 다듬는 단단한 나무 틀), 수레 부품, 활, 발화구發火具, 문짝 등 목제품을 비롯해 비단 조각이 수습됐다. 특히 1997년 발굴된 현악기는 절반가량이 파손되어 있었지만 가야금의 원형을 추정해볼 수 있는 귀중한 자료로 주목받았다. 또한 토양 샘플에서 기생충 알이, 퇴적층에서 사람 뼈 여러 구가 발견됐다.

신창동의 마을 한쪽에 자리한 작은 연못에 사람들이 버린 생활 쓰레기들이 쓸려 들었고 연못 속 펄이 마치 '타임캡슐'처럼 수많은

선사

유기물을 2000년 이상 안전하게 품고 있다가 고스란히 토해낸 것이다. 당시 사람들이 야트막한 언덕에 모여 살며 벼농사를 지었으며, 그들 가운데 일부는 비단옷을 입고 수레를 타거나 현악기를 연주했다는 사실도 짐작할 수 있게 되었다.

'타임캡슐' 역할을 한 칼슘과 펄

1990년대 후반부터 전국 곳곳에서 발굴된 패총, 연못에서 옛사람들이 버렸던 쓰레기가 원래 모습을 간직한 채 출토되었다. 패총의 경우 패각의 칼슘 성분이, 연못의 경우 축축한 펄이 '보존 도우미' 역할을 톡톡히 했다. 옛사람들이 별 생각 없이 버린 쓰레기가 수천 년의 세월이 지나 그 시대 생활을 생생히 말해주는 증거가 된 것이다. 발굴된 유물들은 패총이나 연못보다 더 완벽한 조건 속에서 보존되고, 정밀한 분석과 연구를 통해 옛사람들의 삶을 하나하나 밝혀줄 것이다.

청동기에 담긴
벌거숭이 남성의 밭갈이

인류는 지구에 처음 등장했을 때 신체적으로 나약했지만 탁월한 인지능력 덕분에 멸종을 피했다. 불을 이용하고 도구를 만들어 쓰면서 다른 동물들 사이에서 차츰 두각을 나타냈지만 먹거리 구하기가 쉽지 않아 계절별로 여기저기 떠돌며 살았다.

그러다가 농경을 시작하면서 드디어 정착 생활을 할 수 있었다. 고고학자 고든 차일드는 이러한 변화를 '신석기 혁명'이라 불렀다. 농경을 바탕으로 인류가 사회적으로나 문화적으로 혁명적 발전을 이루었음을 강조한 말이다. 농경은 인류를 야만에서 건져 문명으로 이끈 견인차였다.

한반도 역시 예외가 아니었다. 신석기시대에 시작된 농경이 본격화하는 청동기시대에는 마을 규모가 커지고 사회 분화가 진전됐다. 근래 각지에서 선사시대 농경의 흔적들이 속속 발굴되면서 문명 탄생의 과정이 조금씩 밝혀지고 있다.

고물상이 수집한 '농경 유물'

1971년 국립중앙박물관은 깨진 청동기 1점을 구입했다. 유물을 판 상인에게 청동기의 이력을 물었더니 지난해 말 대전의 한 고물상이 수집한 것이라고 했다. 박물관 연구원들은 처음에는 대전 괴정동 출토 방패형 동기와 비슷해서 큰 관심을 두지 않았지만, 녹을 제거한 후 나타난 빼곡한 무늬에 깜짝 놀랐다.

맨 위에는 어디엔가 매달아 사용한 듯 구멍이 6개 뚫려 있다. 앞면에는 둥근 고리 하나가 걸려 있는데, 간혹 발굴되는 청동 의기처럼 살짝 들었다 내려놓아 소리를 내는 용도로 보인다. 고리 위쪽에는 나뭇가지에 새가 앉아 있는 모습이 표현되어 있다. 마치 시골 마을 어귀의 솟대 같다.

뒷면 그림은 더 다양하다. 오른쪽 위에 간략한 선으로 표현된 인물이 있는데, 남근이 드러나 있어 벌거벗은 채 밭갈이하는 남성으로 보인다. 왜 벌거벗고 밭을 가는 걸까? 학계에서는 나경裸耕을 표

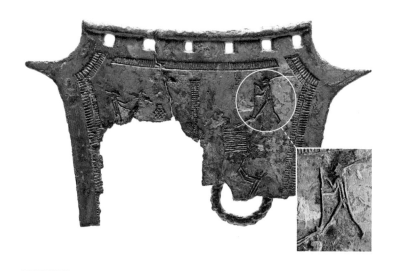

선사시대 곡물의 흔적은 한반도에서 일찍이 농경문화가 시작됐음을 보여준다. 2300년 전 한반도 마을 풍경을 보여주는 청동기의 뒷면(보물)과 이를 확대한 사진. 벌거벗고 밭을 가는 남성의 모습은 '나경'의 풍습을 짐작하게 한다. 국립중앙박물관 제공.

현한 것으로 추정하기도 한다. 나경은 입춘 때 벌거벗고 밭을 가는 풍습으로, 조선의 일부 지역에 남아 있었다고 전한다. 그 아래에는 개간 작업 중인 남성이, 왼쪽 위에는 여성으로 보이는 인물이 무엇인가를 수확해 항아리에 담는 듯한 모습이 표현되어 있다.

많은 부분이 파손된 데다 발굴품이 아니라는 한계가 있지만, 이 청동기는 2300년 전 한반도의 마을 풍경을 담고 있다는 점에서 독보적인 가치를 인정받았다.

선사

불탄 집터에서 찾은 탄화미 수백 알

1975년 국립박물관 조사단은 농지확대개발사업지구에 편입된 충남 부여 송국리 일대를 발굴해 청동기시대 집터와 옹관묘 등을 확인했고 1978년까지 연차적으로 조사를 이어갔다. 1977년 11월에 진행한 54지구 1호 집터 발굴에서는 예상치 못한 성과를 거두었다. 경작이 끝난 밭의 겉흙을 걷어내자 장방형 집터의 윤곽이 나타났고 내부를 파 들어가자 화재로 폐기된 흔적이 고스란히 드러났다. 지푸라기와 나무로 만든 움집에 불이 나서 가재도구조차 챙기지 못하고 몸만 피한 듯 집터 바닥에는 토기와 석기가 널려 있었다.

조심스레 토기를 파내던 조사원의 눈에 거뭇거뭇한 숯 조각들이 들어왔다. 자세히 보니 불에 탄 쌀이었다. 처음에는 한 알씩 수습하다가 너무 많아 통째로 떠서 물체질을 했더니 수백 알이나 됐고 무게는 395그램이었다. 서울대 농대에 분석을 의뢰한 결과, 모두 길이가 짧은 자포니카형 쌀로 밝혀졌다. 2년 전 서울대박물관이 경기도 여주 흔암리 집터를 발굴할 때 수습한 수십 점의 탄화미와 더불어 청동기시대에 벼농사를 지었음을 알려주는 증거였다. 그 이전까지만 해도 일본 학계에서는 한반도의 벼농사가 일본에서 전해졌을 가능성을 타진했지만, 두 유적에서 탄화미가 발굴되면서 일본 야요이시대 도작稻作문화의 기원지가 한반도였음이 새롭게 밝혀졌다.

1990년대 이후에는 선사시대의 논밭이 차례로 발굴되었다. 논은 규모가 작았고, 밭은 이랑과 고랑을 갖추고 있었다. 경작지에서 수습된 다양한 곡물은 선사시대 농경에 대한 이해 수준을 획기적으로 끌어올려 주었다.

펄 속에 잠자고 있던 청동기시대 유물

2005년 3월, 동양대박물관 연구원들은 경북 안동 저전리에서 국도 확장공사 구간에 포함된 청동기시대 선돌 발굴에 나섰다. 그런데 발굴 결과 선돌은 조선시대에 옮겨진 것으로 밝혀져 자칫 아무런 소득 없이 발굴이 끝날지도 모르는 상황을 맞았다.

혹시나 싶어 조사 구역에 깊은 도랑을 팠더니 그곳에서 확인된 펄층에서 큼지막한 나무토막과 함께 여러 점의 청동기시대 토기 조각이 모습을 드러냈다. 추가 조사에서 유적의 분포 범위가 넓다는 사실이 확인되면서 2008년까지 발굴이 이어졌다. 그사이 저수시설과 수로 등 청동기시대의 수리시설이 전모를 드러냈고 유적 곳곳에서 석기, 토기, 목기가 다량으로 쏟아져 나왔다. 저수시설은 자연 수로를 확장하여 만든 것으로 너비 17미터, 길이 50미터, 잔존 깊이 1.8미터 규모였다.

유물 가운데 절굿공이 2점은 청동기시대까지 거슬러 올라가는 첫 사례라 큰 화제가 되었다. 발굴 막바지에는 저수시설 바닥에서

선사

경북 안동시 저전리의 저수지 바닥에서 발굴된 청동기시대의 벼 껍질. 펄층에 파묻힌 덕에 수천 년간 원형을 보존할 수 있었다. 동양대박물관 제공.

벼 껍질 몇 개가 발견되었다. 이를 계기로 3개월 동안 저수지 바닥에 퇴적된 흙 전체를 물체질했는데, 그 과정에서 벼 껍질을 600개 이상 수습했다. 이처럼 벼 껍질과 절굿공이가 원형을 갖춘 채 잘 남아 있었던 것은 저수시설과 수로에 퇴적된 펄 덕분이다. 일정한 습도를 유지한 펄이 수천 년의 세월 동안 유기물을 안전하게 품어 준 것이다.

지난 50여 년 동안 선사시대 농경의 실체가 상당 부분 밝혀졌다. 그 시대 사람들이 어떤 방식으로 농사지어 먹거리를 마련했는지,

농경이 어떤 사회 변화를 불러왔는지에 대해서도 알 수 있게 되었다. 근래 전국 곳곳에서 발굴되는 청동기시대 마을의 수는 우리의 예상을 뛰어넘는다. 그렇게 많은 마을이 바로 '농경의 힘'이고 사회 변화의 동력이었을 것이다. 이러한 선사시대의 생활상은 앞으로 발굴되는 논과 밭, 수리시설, 곡물을 통해 더욱 선명하게 드러날 것이다.

수백 미터 이어진
2열 구덩이의 비밀

우리 역사상 최초의 국가 고조선은 중국 여러 나라와의 교류 속에
성장하면서 독특한 청동기 문화를 꽃피웠다. 그 문화가 남쪽으로
전해지면서 한반도 중남부도 청동기시대로 접어들었다. 농사짓기
가 일반화된 이 시대에는 인구가 급증하고 큰 마을이 만들어지면
서 공동체 사이에 갈등이 생겨났다.

청동기시대의 모습을 보여주는 대표 유적이 충남 부여에 있는
송국리 유적이다. 정말 우연히 드러난 이 유적은 청동기시대의 사
회상을 마치 '야외박물관'처럼 보여주고 있다. 이 유적에는 어떤

비밀이 숨겨져 있을까?

최초로 온전히 드러난 비파형 동검

1974년 4월 19일, 김영배 국립중앙박물관 공주분관장 일행은 부여로 내달렸다. 3년 전 공주 남산리 유적 발굴 현장에서 함께 일했던 주민 최영보 씨가 도굴 위험이 있는 옛 무덤을 발견했으니 급히 와달라고 연락했기 때문이었다.

그들이 도착한 곳은 초촌면 송국리의 야트막한 야산이었다. 최 씨가 안내한 곳에는 돌판을 조립해 만든 무덤 일부가 드러나 있었다. 도굴을 우려해 곧바로 조사에 착수했다. 겉흙을 제거하자 곧 길이가 2.6미터나 되는 석관묘 뚜껑돌이 드러났다. 마을 주민들과 함께 그 뚜껑돌을 들어 올린 다음 내부 흙을 걷어내던 중, 김 분관장은 마침내 한 무더기의 석촉과 함께 동검 1점을 발견했다. 온전한 형태의 비파형 동검, 즉 요령식 동검이 국내 최초로 발굴되는 순간이었다.

같은 해 10월 8일, 출토 유물이 공개되자 주요 언론은 "요령식 동검 등 발굴, 청동기 문화 존재 입증", "'한국 청동기 문화 시대 부재' 日 주장 뒤엎은 쾌사快事" 등으로 대서특필했다. 주민 신고로 우연히 발굴된 동검 1자루가 한국 고고학계가 품고 있던 고민을 단번에 해소한 것이다. 이 동검은 국가 사적 '부여 송국리 유적'을 찾

송국리 유적에서 출토된 비파형 동검(왼쪽)과 석검. 비파형 동검이 발굴되면서 한반도의 청동기 문화 연구가 본격적으로 시작됐다. 국립중앙박물관 제공.

아내는 실마리가 되었을 뿐 아니라 우리나라 청동기 문화 해명의 신호탄 역할을 톡톡히 해냈다.

이 석관묘는 중요성 때문인지 그 이후 두 번이나 더 발굴됐다.

1993년에는 무덤을 다시 판 다음 멋진 원색 사진을 촬영하려 뚜껑돌을 물로 씻어내다가 별 그림으로 알려진 크고 작은 둥근 홈(성혈性穴) 74개를 찾아냈다.

벼농사를 지었던 송국리 주민들

1975년, 송국리 일원 80만 제곱미터가 농지확대사업지구로 지정되자 국립중앙박물관 조사단은 서둘러 조사를 벌였다. 그 결과 곳곳에서 청동기시대 움집터와 유물이 발견됨에 따라 개발 사업은 전격 취소됐고 이 유적은 이듬해 국가 사적으로 지정됐다.

그 이후 오랫동안 발굴된 움집터는 윤곽이 네모난 것과 둥근 것으로 나뉜다. 네모난 움집터 중에는 불탄 사례가 여럿 있었다. 화재 원인이 취사 과정의 실화인지, 외부 공격 때문인지는 논란이 있다. 불탄 움집터에서는 쌀, 조, 기장, 콩, 팥, 밀 등의 곡물이 불탄 채 수습됐다. 그 가운데 쌀의 비중이 압도적으로 높아 송국리 주민들은 이미 벼농사를 능숙하게 지었고 쌀이 주요 먹거리였음이 밝혀졌다.

1975년 발굴된 움집터 가운데 하나에서 매우 중요한 석기가 출토됐다. 길이가 11.6센티미터에 불과한 자그마한 돌 조각이었는데, 파손되었지만 잘 다듬어진 것이라 조사원들은 별도로 수습해 물로 씻어보았다. 그랬더니 놀랍게도 한쪽 면에 요령 지역에서 종

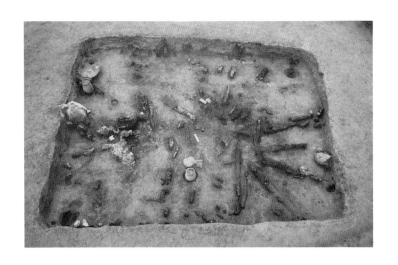

송국리 유적의 불탄 집터. 불탄 쌀이 다량 출토되어 당시 벼농사가 활발했음을 보여준다.
국립중앙박물관 제공.

종 출토되는 이른바 '부채형 날을 가진 청동도끼(선형 동부)' 모양이
음각되어 있었다. 조사단은 송국리 유적이 기원전 5세기~기원전
4세기에 형성된 것으로 보이며 한반도 중남부 청동기 문화의 기원
이 요령 지역이고, 송국리 일원에서 청동기를 만들었을 공산이 크
다고 설명했다. 근래에는 이 유적의 상한을 기원전 9세기, 하한을
기원전 5세기로 올려서 보는 학자들이 많아졌다.

　1991년, 이 유적의 성격을 밝히기 위한 국립공주박물관의 기획
발굴이 시작됐다. 벼농사를 지었던 경작지 확인이 목적이었지만
소기의 성과를 거두지 못했다. 이듬해에는 방향을 바꿔 마을 외곽

의 방어시설을 찾아보기로 했다. 조사를 시작한 지 얼마 안 되어 실마리가 드러났다. 움집터 주변에서 나무 기둥을 세우기 위해 판 큼지막한 구덩이들이 열을 지어 드러난 것이다. 그 가운데는 너비가 165센티미터, 깊이가 110센티미터에 이르는 것도 있었다.

방어 목책인가, 종교적 통로인가?

조사단은 이를 목책으로 보고 조사를 이어갔다. 이듬해까지 송국리 유적 평탄면의 서쪽 가장자리를 따라 조성된 수백 미터에 이르는 기둥 구멍 열을 찾아냈다. 당시에는 1줄만 확인하는 데 그쳤다. 그때는 조사 구역에 작물이 자라고 있었기 때문에 기둥 구멍이 지나가는 부분만 피해를 보상하며 조사를 진행하느라 유적 전모를 파악하는 데 한계가 있었다. 거듭된 조사와 연구를 통해 이 유적의 성격은 '방어 취락'으로 진화했다.

2008년, 한국전통문화대 조사단은 과거 국립박물관이 조사한 구역 주변으로 확장 조사를 실시했다. 그 결과 찾아낸 기둥 구멍들은 대체로 2줄이었는데, 각 줄 기둥 중심부 사이의 거리는 대개 3미터 정도이다. 조사단은 그 가운데 일부는 거대한 지상식 가옥의 흔적이고, 또 일부는 목책이라기보다 마을 혹은 의례儀禮 건물로 접근하는 통로일 수 있다는 의견을 내놓았다. 송국리 유적 기둥 구멍 열의 성격을 둘러싼 논란이 지속되고 있지만 목책 혹은

부여 송국리 청동기시대 유적에서는 수백 미터 이어진 2열 구덩이가 여럿 발굴되었다. 성채의 기초로 보인다.

원초적 토성의 기초일 가능성이 더욱 크다. 장차 심층적 연구가 필요한 대목이다.

송국리 유적이 세상에 모습을 드러낸 지도 어느덧 반세기가 다 되었다. 숱한 발굴과 연구의 결과, 송국리 일대에 논농사를 기반으로 거대한 마을이 형성되었고 그곳에는 청동기를 사용하면서 주민을 동원해 토목공사를 벌일 수 있는 유력자가 존재했다는 사실이 알려졌다.

다만 이 청동기 마을이 생산과 소비를 함께 했는지, 아니면 소비만 했는지를 둘러싸고 논쟁이 벌어지기도 했다. 수백 미터에 걸친

나무 기둥 열의 성격이 무엇인지, 마을 규모는 어느 정도인지, 주변에 논밭이 존재하는지 등도 아직 수수께끼로 남아 있다. 앞으로 발굴, 연구를 통해 의문점을 풀어야 할 과제들이다.

엿장수 덕에 국보로 살아난 청동기시대 유물

우리 역사에 청동기시대가 존재했는지를 둘러싸고 학계에서 오랫동안 논쟁이 벌어졌다. 일제강점기 일본인 학자들은 한반도에 청동기시대가 없었다고 보면서 일부 알려져 있던 청동기는 모두 중국에서 들여온 것이라고 주장했다.

광복 후 우리 학계는 그러한 주장을 비판하며 한국적인 청동기 문화를 찾으려고 전국 각지의 고인돌을 발굴하는 등 동분서주했지만 변변한 성과를 거두지 못했다. 그러던 차에 1960년대 후반부터 10여 년간 한국적인 청동기가 곳곳에서 발견되면서 비로소 숙

원을 이룰 수 있었다. 그 무렵 모습을 드러낸 청동기에는 어떤 것
이 있고 새로 알게 된 사실은 무엇일까?

텃밭에서 '캐낸' 청동기 문화의 실타래

1967년 7월, 대전 괴정동 주민이 텃밭에서 땅을 파던 중 청동기
12점을 발견해 시교육청에 신고했다. 같은 해 8월 29일, 국립박물
관 윤무병 학예관이 대전시교육청을 찾아와 신고된 유물을 살펴
보았다. 그 가운데에는 동검이나 청동거울처럼 눈에 익숙한 유물
도 있었다. 하지만 윤 학예관은 방패 모양, 칼 손잡이 모양, 둥근 뚜
껑 모양을 한 청동기 등 처음 보는 유물이 다수 포함된 것을 알고
깜짝 놀랐다.

　그날 오전 10시쯤 발굴을 시작해 겉흙을 제거하자 곧 무덤의 윤
곽이 드러났다. 흙을 조금씩 제거하며 혹시 유물이 섞여 있는지 확
인하는 과정에서 몇 점의 유물을 찾아냈다. 조사 후 윤 학예관은
이 무덤에서 출토된 동검은 기원전 4세기 무렵 제작된 것이고, 함
께 발견된 청동거울, 작은 종 모양 방울, 방패 모양 청동기, 칼 손잡
이 모양 청동기, 둥근 뚜껑 모양 청동기 등은 그 무렵 새롭게 만들
어진 것으로, 제사장의 상징물이었을 것으로 추정했다.

　유사한 청동기들이 1976년에는 아산 남성리, 1978년에는 예산
동서리, 2015년에는 군산 선제리에서도 발견되었는데 거의 같은

대전 괴정동에서 출토된 종 모양 청동방울. 제사장의 의복에 달거나 나무에 매달아 소리를 낸 것으로 보인다. 상하 길이 11.2~11.4센티미터. 국립중앙박물관 제공.

장인이 만든 것처럼 비슷해 학계의 주목을 끌었다. 아마도 한곳에서 만들어 대전, 아산, 예산, 군산의 유력자들에게 전한 것으로 보인다.

말의 머리를 꾸몄던 '나팔 모양 청동기'

예산 동서리에서는 마을 주민들이 공사를 하다가 다량의 청동기를 발견했다. 그중 '나팔 모양 청동기' 2점은 청동기 문화의 기원을

충남 예산군 동서리에서 출토된 기원전 4세기 나팔 모양 청동기. 말의 머리를 꾸몄던 장식으로 추정된다. 높이 26센티미터. 국립부여박물관 제공.

추적할 수 있는 단서가 되었다. 발견 직후 정확한 쓰임새를 몰랐기에, 모양이 나팔처럼 생겼다고 하여 그리 이름을 붙였다.

이 청동기는 기초를 이루는 아래쪽이 삿갓 모양이고 위쪽이 대나무 모양이다. 2점의 외형은 대동소이하며 겉으로 보아서는 용도를 짐작하기 어렵다. 이 청동기의 용도를 알려주는 흔적은 고깔 모양 장식의 안쪽에 부착된 4개의 고리이다. 아마도 이 고리에 끈을

선사

끼워 어딘가에 고정했던 것 같다.

　이 청동기와 유사한 사례가 고조선 유력자의 무덤으로 추정되는 중국 랴오닝성 선양 정자와즈鄭家窪子 유적의 6512호 무덤에서 출토되었다. 그 무덤에서 나팔 모양 청동기는 말의 머리 위를 꾸미는 장식품으로 쓰였다. 그러한 연구에 따르면 동서리의 이 청동기도 말의 머리 위를 장식하려고 만든 물품일 가능성이 있다. 하지만 역사 기록에 따르면 기원전 4세기 무렵 한반도 중부 지역에는 기마 풍습이 없었을 것으로 추정되므로 이 청동기가 실제 말 장식품으로 사용되었을 가능성은 크지 않다.

고물로 팔릴 뻔한 국보급 유물

1971년 12월, 문화재연구소 조유전 학예사는 출장길에 전남도청에 들렀다가 그곳에 보관 중인 동검, 청동거울, 청동방울 등 청동기 11점을 확인했다. 도청 관계자에게 자초지종을 확인하던 조 학예사는 하마터면 '국보급 유물'이 사라질 뻔했다는 이야기를 듣고 모골이 송연해졌다. 그해 여름 동네 주민이 집 둘레에 배수로를 파던 중 땅속에서 유물 여러 점을 발견해 보관하다가 고물을 수집하던 엿장수에게 넘겼으나 다행히도 엿장수가 그것이 유물임을 알아보고 도청에 전해주고 사라졌다는 이야기였다.

전남 화순군 대곡리에서 출토된 청동 팔주령(국보). 고물로 나온 유물을 엿장수가 도청에 전해 살아남았다. 기원전 3세기 무렵 제작됐으며 지름 12.3센티미터. 국립중앙박물관 제공.

   며칠 후 조 학예사 일행은 유물이 발견된 화순 대곡리를 찾아 발굴에 나섰다. 교란된 흙을 제거하자 곧이어 무덤구덩이의 윤곽이 드러났고 그 속에서 큼지막한 목관 조각이 발견됐지만 기대했던 유물은 더이상 출토되지 않았다. 엿장수 덕에 살아남은 청동기는 우리나라 청동기 문화를 보여주는 대표 유물로 인정받아 이듬해 3월 국보로 지정됐다. 2008년 2월, 국립광주박물관 연구원들은 대

선사

곡리 무덤 새발굴에 나섰다. 폐가로 변한 민가의 일부를 헐어내고 발굴을 시작했는데, 민가 아래에 묻혀 있어 과거에 조사하지 못했던 곳에서 동검 2점을 새로이 찾아냈다.

학계에서는 이 무덤 주인공이 대전 괴정동 청동기의 소유자보다 1세기가량 늦은 기원전 3세기 무렵 청동 무기를 기반으로 위세를 떨치던 족장이었을 뿐만 아니라 청동거울이나 청동방울 등을 이용해 신비로운 능력을 보여주며 제사장 역할을 함께 수행한 인물이라 추정한다. 대곡리 청동기는 우여곡절을 겪고 가까스로 살아남아 우리 역사의 잃어버린 한 페이지를 메워준 것이다.

한국식 청동기 문화의 수수께끼

우리나라 청동기 문화는 크게 두 시기로 구분된다. 이른 시기의 것을 요령식, 늦은 시기의 것을 한국식이라 부른다. 대전 괴정동, 예산 동서리, 화순 대곡리 청동기가 바로 한국식 청동기 문화를 대표하는 유물이다. 앞 시기에 비해 청동기의 질이 단단하고 무기로서의 위력이 더 강해졌으며, 의례 용품으로 보이는 사례가 많은 점이 특색이다. 특히 정문경精文鏡으로 불리는 청동거울은 현대 기술로도 재현하기 어려울 정도로 무늬가 정교해 보는 이의 탄성을 자아낸다. 그간 연구가 많이 진전되었지만 요령식 청동기 문화와 현저히 다른 이 새로운 청동기 문화가 어떤 과정을 거쳐 등장했는지,

또 그 문화를 만든 주체가 토착 유력자들인지, 혹은 고조선의 이주민들인지는 아직 분명히 밝혀지지 않았다. 야심찬 발굴과 연구를 통해 이러한 수수께끼들이 차례로 풀리길 바란다.

삼
한

도굴꾼의 손길을 피한
무덤 밑바닥

───── 다호리 유적 ─────

북쪽에서 시작한 철기 문화는 기원 전후로 한반도 중남부 지역에서도 꽃을 피운다. 농업 생산력이 획기적으로 개선됐고 크고 작은 정치체들이 등장했다. 3세기 무렵 마한, 진한, 변한이라는 이름으로 등장하는 나라들이 바로 그 계승자다. 중국 역사책《삼국지》동이전에 따르면 마한에 54국, 진한과 변한에 각각 12국이 있었다고 한다. 서울 올림픽 열기로 뜨거웠던 1988년 초 미지의 세계로 남아 있던 변한 우두머리의 무덤 하나가 우연히 발견됐다. 전혀 예상하지 못한 크기와 구조를 갖춘 데다 도굴 피해가 알려져 학계와 시민들은 놀라움과 안타까움의 탄성을 동시에 쏟아냈다. 이 무덤을 통해 밝혀진 우리 역사의 비밀은 무엇일까?

2000년이나 묻혀 있던 통나무 목관

1988년 1월 하순. 국립중앙박물관에 제보 하나가 접수됐다. 경남 창원 주남저수지 주변 다호리에서 중요 유물이 도굴되었다는 소식이었다. 이건무 학예관은 곧장 직원들과 함께 현장으로 향했다. 제보자가 지목한 곳을 멀리서 보니 평범한 논이라 과연 저곳에서 중요 유물이 나왔을까 하는 의심이 들었다. 그러나 가까이 다가가니 논바닥 곳곳이 파헤쳐져 있었다. 일행은 그 일대를 자세히 살피다가 도굴꾼이 흘린 것으로 보이는 토기 조각을 발견했다. 연일 혹한의 추위가 계속됐지만 도굴된 유적을 그대로 방치할 수 없어 1월 21일 곧바로 발굴을 시작했다.

윤광진 학예사가 큼지막한 도굴 구덩이 속에 들어가 꽃삽과 양동이로 흙을 제거했다. 그의 손길이 2미터 깊이에 도달했을 때 가장자리를 따라 도굴꾼이 흘리고 간 철기와 옻칠된 부채 자루가 발견됐다. 철기는 형태로 보아 고식古式이었으며 적어도 2000년은 되어 보였다. 밖에서 그 광경을 지켜보던 조사원들은 모두 환호성을 질렀다. 곧이어 구덩이 속에서 놀라움과 환희가 뒤섞인 외침이 들렸다. "통나무 목관이 남아 있어요!"

삼한

1988년 경남 창원 다호리 1호묘에서 출토돼 화제가 된 대바구니. 대나무 조각을 엮어 만든 바구니 속에서 칼과 창, 청동거울, 오수전 등 중요 유물이 다량 출토됐다. 국립중앙박물관 제공.

모두들 일순간 자신의 귀를 의심했다. 그토록 오래된 목관이 고스란히 남아 있다니, 이해하기 어려웠던 것이다. 다른 한편으로는 혹시나 하는 기대감이 샘솟았다. 도굴이 미완에 그쳤다면 목관 속에서 엄청난 유물이 쏟아져 나올 것이 뻔하기 때문이었다. 모두 기대 어린 눈빛으로 구덩이 속을 바라봤다.

목관 밑에 숨겨진 보물 바구니

조사 현장은 분주해졌다. 서둘러 진흙을 제거하자 큼지막한 통나무 목관이 드러났는데, 일부가 도굴로 부서졌음이 확인되면서 기대는 실망으로 바뀌었다. 목관을 정리했더니 유물 대부분이 사라졌고 철기 몇 점만이 남아 있을 뿐이었다. 그러나 이 목관은 그 자체만으로도 매우 중요한 유물이라 마음을 다잡고 수습하기로 했다.

목관을 수습하는 날. 기중기를 설치하고 목관을 견고한 끈으로 동여매는 등 준비를 마쳤지만 혹시나 들어 올리는 과정에서 목관이 파손될까 우려했다. 작업 지시가 떨어지고 기중기의 체인이 감기면서 그 힘이 목관에 다다르자 육중한 무게의 목관이 움직이기 시작했다.

그때 무덤 속에서 또 한 번의 다급한 외침이 들렸다. "쫙 깔렸습니다. 유물이 엄청 많아요." 목관 하부에 유물이 남아 있었던 것이다. 목관을 무덤 밖으로 안전하게 옮긴 다음 모두 무덤 속을 주시했다. 그 옛날 하관할 때 쓴 동아줄, 옻칠된 목기, 제사 지낼 때 뿌린 밤톨과 율무까지 다양했다. 가장 이목이 집중된 유물은 타원형 바구니였다. 대나무 조각으로 엮어 만든 바구니 속에 칼집에 든 동검과 철검, 중국 한나라의 청동거울과 동전, 붓과 손칼 등 많은 유물이 들어 있었다. 도굴꾼들이 목관 하부의 제사용 구덩이인 '요갱腰坑'의 존재를 몰랐기에 이 유물들이 온전히 남아 있었던 것이다.

다호리 1호묘에서 출토된 성운문경. 지름 12.8센티미터로 중국 전한 때 유행한 청동거울이다. 동아시아 각지로 전해졌으며 진한과 변한 유력자의 무덤에서 출토된 바 있다. 국립중앙박물관 제공.

철을 매개로 한 국제 교역

다호리 통나무 목관에 묻힌 인물은 누구일까? 무덤에 껴묻은 유물을 통해 그의 활동을 어렴풋이 짐작할 수 있다. 출토 유물 가운데 철기가 주목된다. 거의 모든 종류의 무기와 농기구가 출토되었는데, 주조괭이는 제철소에서 출고된 후 한 번도 쓰이지 않은 듯 2개씩 끈으로 엮인 모습이었다.

잔존 길이 20센티미터 내외의 붓 5점과 자그마한 쇠칼은 무덤 주인공의 생전 생활을 조금 더 구체적으로 보여준다. 나무로 만든 붓대 표면에 옻칠이 되어 있고 붓털이 양끝에 모두 끼워져 있어 특이하다. 쇠칼은 나뭇조각에 글자를 쓰고 지울 때 사용하던 삭도削刀일 가능성이 있다. 이 학예관은 붓과 쇠칼이 "2000년 전 변한에서 문자 생활, 더 나아가 문서 행정이 이루어졌음을 알려주는 결정적 자료"라고 해석했다. 함께 출토된 유물 가운데 청동 허리띠 버클, 오수전, 청동거울은 중국 한나라에서 수입한 물품이다.

이들 유물은 모두 같은 맥락에서 해석할 수 있다. 《삼국지》에는 "변진弁辰에 철이 많이 나서 한군현에 공급하기도 하고 마한, 동예, 그리고 왜倭가 모두 와서 사 간다"는 기록이 있는데 변진이란 변한의 일부일 것이다. 학계에서는 이 무덤 주인공이 철을 매개로 국제교역에 관여한 인물이라고 보고 있다. 그가 활동한 교역장에서는 붓과 삭도가 필요했고 철과 맞바꾼 물품 가운데 한나라 허리띠 버클, 청동거울 등이 포함되었을 것이라는 추정이다.

'다호리 1호묘'라는 이름이 붙은 이 무덤은 후속 발굴을 촉발했다. 같은 해 3월부터 2차 발굴이 시작되었고 그 이후 2012년까지 11차에 걸친 발굴에서 변한의 목관묘 151기가 조사됐다. 17호묘에서는 철기 제작에 쓰인 쇠망치, 64호묘에서는 6킬로그램에 달

삼한

다호리 1호묘에서 출토된 길이 20센티미터 내외의 붓 3자루와 길이 30.6센티미터의 철제 삭도. 붓과 삭도는 2000년 전 문자 생활과 문서 행정이 이루어졌음을 알리는 자료로 해석된다. 국립중앙박물관 제공.

하는 철광석이 출토되기도 했다.

영남 지역에서는 2세기 후반쯤 목관묘가 사라지고 목곽묘가 등장하며, 그러한 문화가 바탕이 되어 진한과 변한이 각각 신라와 가야로 발전하는 양상이 확인된다. 그러나 다호리에서는 목곽묘가 발견되지 않았다. 다호리 1호묘 주인공의 후예들이 묘역을 옮긴 것인지, 도태된 것인지 현재로서는 알 길이 없다. 다호리 세력이 주름잡던 변한 사회의 다양한 면모는 추가 발굴과 연구를 통해 구체적으로 밝혀질 것이다.

밭에서 건진 천년 왕국
신라의 초기 300년

김부식은 박혁거세가 기원전 57년에 신라를 건국했다고《삼국사기》에 적었다. 이 기록을 불신하고 신라가 4세기 이후 세워졌을 것이라고 보는 견해도 만만치 않다. 그들은 고려시대에 쓴《삼국사기》보다 3세기 후반 중국에서 찬술된《삼국지》동이전을 더 신뢰한다. 같은 시대를 두고 두 사서는 신라의 모습을 전혀 다르게 묘사했다.《삼국사기》는 신라를 매우 강력한 국가로,《삼국지》는 미성숙한 소국으로 서술했다.

　고고학계에서는 대체로《삼국사기》초기 기록을 불신한다. 경주에서 4세기 이전의 궁궐, 왕성, 왕릉이 확인되지 않으며 그 시기 신라가 영남 각지를 정복했다는 증거를 찾을 수 없다는 것이 그 이유다. 1970년대까지만 해도 4세기 이전 유적이나 유물이 거의 발굴되지 않아 심지어 4세기 이후 북방 유목민들이 남하해 신라를 세웠다는 주장까지 나왔다.

조양동 밭에 숨겨져 있던 '초기 신라'

이런 학설을 수용한다면 우리가 상식처럼 되뇌는 '천년 왕국 신라'는 근거를 잃는다. 그러다 신라 초기 300년을 되찾을 실마리가 우연히 발견됐다. 1978년 11월 경주시 조양동의 한 주민이 주택을 개축하던 중 토기 22점을 발견해 경주시에 신고했다.

신고품을 감정한 한병삼 경주박물관장과 최종규 학예사는 그것이 그들이 오랫동안 찾아다닌 신라 초기 유물일 가능성을 직감했다. 주변 밭에서 무덤이 발견되었다는 주민 신고가 잇따르자 경주박물관 연구원들은 이듬해 4월 중순부터 한 달 동안 발굴에 나섰다.

두 달이 더 지난 뒤 착수한 2차 발굴에서 상황이 반전됐고, 새로운 무덤들을 찾아냈다. 지표에는 무덤 흔적이 전혀 없었으나 겉흙을 제거하자 네모난 구덩이 윤곽이 속속 드러났다. 그 속에서 목관이나 목곽 흔적이 확인됐고 각종 철기와 생소한 모양의 토기가 쏟아져 나왔다. 특히 토기는 청동기시대 토기나 예전에 발굴된 신라

삼한

1981년 경북 경주시 조양동 38호묘에서 발굴된 청동거울. 거울 뒷면에 새겨진 글자를 따서 '소명경'이라고도 불린다. 지름 8센티미터. 중국 한나라에서 수입된 점을 기준으로 이 무덤이 서기 1세기를 전후해 만들어졌다는 것이 인정됐다. 국립경주박물관 제공.

토기와 달랐다. 최 학예사는 이 토기에 '와질토기(기와처럼 무른 질의 토기)'라는 이름을 붙였다.

조양동에서 가장 큰 주목을 받은 무덤은 1981년 말 발굴된 38호묘였다. 무덤구덩이 길이가 2.6미터에 불과했지만 출토 유물의 수준은 대단했다. 무덤 내부에서 다량의 철기와 함께 중국 한나라에서 수입한 청동거울이 4개나 출토됐다. 최 학예사는 거울의 연

경주시 서면 사라리 130호묘에서 발굴된 쇠도끼. 길이 27센티미터 내외외 쇠도끼 70점이 나란히 있었다. 철기의 소재이자 신라 초기에 화폐처럼 통용됐다. 국립경주박물관 제공.

대를 기준으로 이 무덤이 서기 1세기에 만들어졌으며 주변에서 함께 발굴된 무덤들이 1~3세기까지 조성되었을 것이라고 추정했다. 이 견해를 국내외 학자들이 받아들이면서 미지의 세계로 남아 있던 신라 초기 300년의 실상이 비로소 명확하게 드러났다.

목관 받침으로 쓰인 쇠도끼

1995년 경주시 서면 사라리에서 공장을 짓다가 유적이 훼손되자

삼한

영남문화재연구원 조사팀이 긴급 투입돼 조사를 벌였다. 교란토를 제거하자 야트막한 능선 전역에서 137기의 무덤이 드러났다. 특히 1996년 봄에 확인된 130호묘는 다른 무덤과 클래스가 달랐다.

무덤구덩이 크기는 조양동 38호묘보다 조금 더 큰 3.3미터였다. 파 들어가기 시작하자 말재갈, 쇠창과 함께 토기류가 확인됐다. 아래로 더 내려가니 망자의 유해에 착장했던 호랑이 모양 허리띠장식과 팔찌가 드러났고 그 주변에서 칼집에 든 칼과 청동거울, 농기구 등이 무더기로 출토됐다. 조사원들의 시선을 사로잡은 유물은 무덤 바닥에 쫙 깔린 쇠도끼였다. 길이 27센티미터 내외의 쇠도끼 70점이 정연하게 배열된 진풍경이었다.

당시 사회에서 쇠도끼는 철기의 소재이자, 시장에서 화폐처럼 통용되고 동아시아 각지로 수출되는 물품이었다. 이처럼 중요한 재화를 한 사람 무덤에 집중적으로 묻었다는 것은 당시 철 생산이 본궤도에 올랐으며 부와 권력을 독점한 인물이 존재했음을 보여준다.

탑동 목관묘는 왕의 무덤일까?

2000년대에도 경주 일원에서 수많은 발굴이 진행됐지만 조양동과 사라리 두 무덤을 뛰어넘는 신라 초기 무덤은 발굴되지 않았다. 그 때문에 학계 일각에서는 조양동과 사라리에 묻힌 인물들처럼

경주시 탑동 목관묘에서 발굴된 호랑이 모양 청동 장식은 수입품으로 추정된다. 목관묘는
2세기 무렵 경주 일대 권력자의 무덤으로 보인다. 국가유산진흥원 제공.

경주 외곽의 유력한 세력들이 힘을 키워 4세기 이후 경주 시내로
이주해 신라를 세웠을 것이라는 학설까지 나왔다.

2010년 봄 마침내 경주 중심지에서 탁월한 수준의 목관묘 1기
가 발굴됐다. 이 무덤이 위치한 곳은 월성 남쪽의 탑동이며 신라
초기의 중심지로 비정되는 곳 가운데 일부다. 한국문화재재단(현
국가유산진흥원) 조사팀이 민가 개축 부지를 발굴하는 과정에서 드
러난 이 무덤은 사라리 130호묘보다 조금 작았지만 출토 유물은
훨씬 뛰어났다.

무덤 주인공의 생전 위세를 보여주는 동검은 옻칠된 칼집에 들
어 있었고, 말재갈이나 쇠창 등 신라 제철소에서 만들었음 직한 철

삼한

기가 종류별로 출토됐다. 삼국시대 초기 각국 지배층이 권위의 상
징물로 사용한 부채도 출토되었는데 몸체는 썩어 없어지고 옻칠
된 자루만 남아 있었다. 특히 청동거울처럼 중국 한나라에서 수입
한 물품이 많다는 점이 눈길을 끌었다. 함께 발굴된 호랑이, 곰, 개
구리, 거북 모양 청동 장식도 수입품일 가능성이 있다.

　이 무덤에 묻힌 인물은 현재까지의 자료로만 본다면 2세기 무렵
경주 일원 최고의 권력자였을 공산이 크다. 그러나 학계에서 그를
왕으로 지목하는 견해는 아직 없다. 대릉원 일대에 축조된 5세기
이후 왕릉에 비해 규모가 보잘것없다고 여기기 때문이다.

　세 사례는 신라 초기 무덤 중 '톱 3'라 부를 만하다. 특히 탑동 1호
묘는 현재까지의 자료로 보면 왕의 무덤인지, 혹은《삼국사기》에
기록된 6촌의 촌장 무덤인지 특정할 수 없지만 눈에 띄는 존재임
은 분명하다. 신라 초기 중심지에 대한 체계적 발굴과 관련 연구가
축적되어 신라 초기 300년 역사가 온전히 해명되길 바란다.

금호강변에서 발견된
2000년 전 청년 왕

━━━━━━━━━━ 양지리 유적 ━━━━━━━━━━

예나 지금이나 죽음에 직면하면 당사자도 가족도 쉽사리 받아들이기 어렵다. 꿈을 제대로 펼치지 못하고 요절했을 경우 더욱 안타깝다. 남겨진 사람들은 망자가 사후 세계에서 삶을 이어가리라 여기거나 정성껏 장례식을 준비하며 지극한 슬픔을 잊으려 한다.

2000년 전에도 금호강 일대의 사람들을 울린 죽음이 있었다. 경북 경산시 하양읍 양지리에서 발굴된 목관묘 하나가 그때 만들어졌다. 무덤 주인공은 그 지역을 다스리던 인물인데, 20대의 나이에 세상을 뜬 사실이 밝혀졌다. 그의 무덤과 그곳에서 드러난 유물에

경북 경산시 하양읍 양지리 목관묘에서 발굴된 중국 전한 시기 청동거울 3개와 청동제 유물들. 경산시립박물관 제공.

는 그가 살던 시기의 어떤 면모가 담겨 있을까?

조사 막바지에 발견된 커다란 목관묘

2009년 한국토지주택공사가 경북 경산시 하양읍 일대를 대상으로 추진하던 택지개발부지(약 130만 제곱미터)에 대한 문화재 지표조사가 이루어졌다. 이때 유적 존재 가능성이 제기되었지만 발굴은 2017년에 이르러서야 시작할 수 있었다. 조사 대상지는 팔공산 자락이 차츰 낮아져 금호강 지류변 평야에 근접한 구릉이었다.

조사가 시작된 지 얼마 지나지 않아 그곳에 살았던 옛사람들의 자취가 땅속에서 속속 드러났다. 청동기시대의 마을 터를 필두로 조선시대 기와 가마터에 이르기까지 다양했다. 그 가운데 조사원들의 시선을 끈 것은 Ⅱ지구라고 명명한 구역에서 찾은 기원전 1~2세기의 옹관묘 수십 기와 5기의 목관묘였다. 영남 지역에서 그 시기의 무덤이 발굴되는 사례가 드물기 때문이다. 다만 출토 유물이 탁월하지 않아 '획기적 발굴'이라는 표현을 붙이기에는 부족했다.

날씨는 계속 추워지고 해가 바뀌기 전에 발굴을 마무리하기 위해 조사에 박차를 가하던 중 예상치 못한 발견에 제동이 걸렸다. 5기의 목관묘가 군집을 이룬 곳으로부터 약 100미터 떨어진 지점에서 무덤구덩이 윤곽 하나가 확인된 것이다. 조사원들은 이미 조사한 목관묘와 형태가 동일해 같은 시기의 것으로 보면서도 길이가 3.18미터, 너비가 1.5미터로 크다는 데 일말의 기대를 걸었다.

통나무 관을 가득 채운 보물

내부 흙을 제거하는 과정에서 원래 봉분에 넣었던 토기 2점이 쓰러진 모습으로 드러났다. 조금 아래에서는 토기 3점이 두 군데로 나뉘어 구덩이 모서리 쪽에 세워져 있었다. 여기까지는 서막에 불

무덤에서는 다량의 철기와 옻칠을 한 꺾창집도 발견되었다. 출토된 다량의 보물로 미루어 볼 때 무덤의 주인인 20대 남성은 당시 영남 북부 일대를 다스리던 나라의 왕이었을 것으로 추정된다. 성림문화재연구원 제공.

과했다. 기대하던 유물은 바로 그 아래부터 발견되기 시작했다.

일단 중국 전한 때 만든 청동거울 1점이 완벽한 보존 상태로 출토되었다. 조금 더 파자 어디부터 어떻게 노출해야 할지 모를 정도로 곳곳에 빼곡히 유물이 자리하고 있었다. 썩은 통나무 관 몸체와 한쪽을 막았던 것으로 보이는 목판 조각이 드러났고 관재 위에서 전한 시기 청동거울이 추가로 출토된 데 이어 자그마한 말 모양 장식, 호랑이 모양 청동 버클, 청동 부품으로 장식된 칼집에 들어 있는 동검과 철검 여러 자루가 쏟아져 나왔다. 나무 표면에 옻칠한 부채 자루도 3점이나 나왔다. 하양읍 양지리 유적은 비로소 '역대급 발굴'로 진화했다.

조사원들은 출토 유물로 보아 무덤의 연대가 경남 창원시 다호리 1호묘와 큰 차이가 없을 것으로 추정하면서 이 무덤도 다호리처럼 목관 하부에 요갱이라 불리는 '보물 구덩이'가 존재하리라 예상했다.

예상은 적중했다. 목관 내 유물을 수습하고 바닥을 정리하자 한가운데에서 네모난 구덩이 윤곽이 드러난 데 이어 중요 유물이 출토됐다. 옻칠된 창집에 들어 있는 청동제 창 2점, 옻칠된 꺾창집(과초戈鞘) 등이 그것이다. 전·후면에 각각 13개의 중국 동전 오수전이 부착된 꺾창집은 다른 곳에서는 유례를 찾을 수 없는 특별한 유물로 이 발굴의 화룡점정이라 할 만하다.

무덤 주인공을 둘러싼 수수께끼

당대 최고 물품을 차지한 이 무덤의 주인공은 누구일까? 그 실마리는 목관 내에서 수습한 뼈에 들어 있었다. 이 뼈를 감식한 전문가는 성장기에 영양이 부족했던 20대 남성의 뼈라는 의견을 제시했다. 조금 떨어져 있는 2호 목관묘가 이 인물의 아버지일 가능성이 있는바, 그 무덤의 유물 부장 양상을 고려하면 그가 성장하면서 형편이 어려워 영양을 제대로 공급받지 못했다기보다 지병 때문에 그리되었을 가능성이 있고 그가 이른 나이에 세상을 뜬 원인 역시 그 연장선상에서 살펴볼 수 있다.

그는 생전에 어떤 지위에 있었기에 당대 최고의 물품을 자신의 유택幽宅으로 가져갈 수 있었을까? 그가 살았던 기원 전후한 시기에 영남 지역 유력자들의 성장 기반 가운데 하나는 철기의 소재를 만들어 동아시아 각지로 유통하는 일이었다. 막대한 양의 철기 소재가 양지리 1호묘 목관과 시신 받침대로 쓰인 점 등을 고려한다면 그 역시 마찬가지였을 것으로 보인다.

시기가 비슷한 경북 영천시 용전리 목관묘, 경주시 조양동 38호묘와 탑동 1호묘, 경남 창원시 다호리 1호묘 등과 비교해보더라도 양지리 1호묘의 위상은 탁월하다. 중국 역사책《삼국지》위서 동이전에서는 진한을 설명하면서 초기에 6개 나라가 있다가 3세기 무렵 12개 나라로 늘어났다고 했다. 현재까지의 발굴 성과로 보면 양지리 1호묘에 묻힌 인물은 진한 초기에 활약했으므로 6개 나라 가운데 1곳의 리더, 즉 '왕'에 준하는 인물로 볼 수 있다.

그런데 양지리 일대에 1호묘보다 이른 시기의 유력자 무덤은 있지만 그보다 늦은 시기의 것이 없는데, 그 이유는 무엇일까? 혹시 양지리 1호묘에 묻힌 인물의 죽음과 더불어 지역 패권이 경산시 임당동 세력 쪽으로 넘어간 것은 아닐까? 양지리 1호묘 단계에서는 임당동 일대 목관묘 쪽이 상대적 열세였으나 그 이후에는 그곳에서 《삼국사기》에 등장하는 압독국이 두각을 나타내기 때문이다. 이처럼 우연히 세상에 모습을 드러낸 양지리 1호묘에는 아직 풀지 못한 우리 고대사의 수수께끼가 가득하다.

삼한

고구려

광개토왕이 남긴
'묘지기 관련 당부'

한국 고대사에서 가장 존경하는 인물이 누구인지를 물어보면 응답자 가운데 다수가 고구려 19대 광개토왕을 지목한다. 그 이유는 그가 친히 군사를 이끌고 전장을 누비며 고구려를 일약 '동북아의 패자'로 견인했기 때문일 것이다.

동북아를 호령하던 광개토왕은 재위 22년이 되던 서기 413년 10월, 39세를 일기로 세상을 떴다. 그의 장례식은 이듬해 9월 성대히 거행되었고 왕위를 이은 장수왕은 그에 즈음하여 무덤 가까이에 거대한 비석을 세웠다. 그 비석이 바로 유명한 광개토왕릉비다.

광개토왕의 유언을 포함한 1775자가 새겨진 광개토왕릉비. 국립중앙박물관 제공.

이 비석에 새겨진 1775자 가운데 광개토왕의 유언이 일부 포함되어 있다. 비석에 새길 만큼 중요한 유언은 무엇이고, 그는 왜 자손들에게 그러한 당부를 한 것일까?

광개토왕릉비가 겪은 수난

668년 고구려가 역사의 무대에서 사라지면서 궁궐뿐만 아니라 역대 왕들의 무덤도 약탈의 대상이 되었을 것이다. 국강國岡, 즉 나라의 언덕에 우뚝 솟아 뭇사람들의 시선을 한 몸에 끌었던 광개토왕릉비 역시 세인들의 기억에서 차츰 사라졌고 언제부터인가 마을 어귀를 지키는 표지석으로 전락했다.

이 능비에 봉인된 '광개토왕 이야기'가 다시금 세상에 나오기까지는 오랜 세월이 걸렸다. 19세기 후반 청나라에서는 오래된 비석의 탁본을 갈망했는데, 그러한 분위기에서 이 능비가 재발견되자 좋은 탁본을 구하려는 수요가 급증했다. 여기서 문제가 생겨났다.

능비가 다시금 스포트라이트를 받을 무렵 오랜 세월의 무게를 보여주듯 비석 표면에 이끼가 두껍게 붙어 있어서 글자가 또렷한 탁본을 만들기 어려웠다. 탁본에 종사하던 시골 노인이 그 이끼를 제거하기로 하고 가축 배설물을 비석 표면에 바른 다음 마르기를 기다렸다가 불을 질렀다. 그 결과 이끼를 일부 태울 수는 있었지만, 비석 표면의 글자들까지 망가지고 말았다. 그 노인은 글자가 또렷한 탁본이 고가에 거래된다는 점을 떠올리고 비석에 회를 발라 글자를 선명하게 만들었다.

왕릉 관리에 만전을 기한 고구려

이러한 사실이 제대로 해명되지 않은 상황에서 1972년 재일교포 사학자 이진희 교수는 일본군 참모본부가 능비의 비문을 변조했다는 학설을 제기했다. 일제강점기 이래 일본 관학자들은 이 능비에 적힌 신묘년(391년) 관련 기사(비문 일부)를 두고 "왜가 바다를 건너와 백제와 신라를 깨트리고 신민臣民으로 삼았다"고 해석해왔다. 하지만 이 교수는 이 해석을 뿌리째 흔들었다. 그 이후 일본군 참모본부가 아니라, 탁본으로 생계를 유지하던 시골 노인이 비문을 변조했다는 학설이 더 큰 지지를 받게 되었지만, 이 교수의 주장은 신묘년조 기사에 대한 학계의 관심을 불러일으켜 이 기사를 제대로 해석하게 하는 중요한 계기가 되었다.

능비에 새겨진 글자 가운데 마멸과 훼손이 심해 정확히 판독하기 어려운 사례가 상당하지만 비문의 전체 내용을 파악하는 데는 지장이 없다. 비문은 크게 세 단락으로 구성되어 있다.

앞쪽에는 고구려 시조 추모왕(주몽)의 성스러운 탄생과 그 이후의 왕계王系가 간략히 기록되었다. 이어 광개토왕이 즉위할 때 나이와 세상을 뜬 연월일, 그리고 그가 관여한 전쟁 가운데 특기할 만

광개토왕릉비 중 수묘인 관련 규정이 구체적으로 적시된 부분. "내가 죽거든 내가 몸소 잡아온 한韓과 예穢 사람들을 데려다 무덤을 지키고 청소하게 하라"는 광개토왕의 지시가 담겨 있다. 국립중앙박물관 제공.

한 내용이 시기별로 정리되어 있다. 특히 396년에 벌어진 백제와의 전쟁, 400년 신라를 도와 백제·가야·왜 연합군과 벌인 전쟁에 관한 기록이 상세하다. 마지막 단락에는 수묘인守墓人(묘지기) 관련 규정이 매우 구체적으로 설명되어 있다.

이 수묘인 단락에 광개토왕의 유언이라고 할 만한 몇 가지 지시가 인용되어 있다. "선대의 왕들께서는 오래전 고구려에 편입된 백성들만 데려다 묘지기를 시켰는데, 나는 그들이 피폐해질까 염려된다. 내가 죽거든 내가 몸소 잡아온 한韓과 예穢 사람들을 데려다 무덤을 지키고 청소하게 하라", 그리고 "옛 왕들의 무덤에 비석을 세우고 그 연호烟戶를 새겨서 뒤섞이지 않도록 하고, 묘지기는 함부로 매매하지 못하게 하라"는 지시였다.

장수왕은 부왕의 유지를 받들어 한과 예 사람 220가구를 수묘인으로 지정했다가 그들이 수묘 방법을 모를까 염려된다고 하면서 옛 백성 중에서도 110가구를 더 뽑아 수묘인을 총 330가구로 확대했다. 이 기록들은 당시 고구려 왕들이 무덤의 보호와 관리에 얼마나 '진심'이었는지를 잘 보여준다.

그러나 고구려 왕들의 소원은 흐르는 세월 앞에서는 통하지 않았다. 광개토왕은 고구려 제국이 영원하리라 확신하며 눈을 감았을 테지만, 그의 사후 255년 만에 고구려는 나당연합군에 패망하는 신세가 되었고 그와 함께 광개토왕의 안식도 끝나버렸다.

광개토왕릉, 태왕릉일까? 장군총일까?

게다가 세월이 흐르면서 왕릉의 위치마저 알 수 없게 되었다. 학계에서는 능비에서 360미터 떨어진 태왕릉을 광개토왕릉으로 지목하기도 하고, 2킬로미터가량 떨어진 장군총을 유력한 후보로 들기도 한다. 전자는 그곳에서 '태왕릉'이라는 글자가 새겨진 전돌이

광개토왕릉으로 지목된 태왕릉. 광개토왕릉비에서 360미터 떨어져 있다.

다수 발견된 점을 근거로 든다.

후자는 2003년 태왕릉에서 신묘년에 제작된 청동방울이 출토
된 점을 근거로 삼는다. 즉, 청동방울을 만든 해에 고국양왕이 세
상을 떴으므로 태왕릉이 곧 고국양왕의 무덤이라는 주장이다. 이
러한 견해와 달리 중국 학계에서는 신묘년에 청동방울을 만든 것
은 인정하면서도 그해에 광개토왕이 즉위하면서 곧바로 자신의
무덤을 만들기 시작한 것으로 보아 태왕릉설을 견지하고 있다.

이처럼 능비가 재발견되면서 촉발된 광개토왕에 관한 학술 연

구는 동아시아 차원에서 치열하게 진행됐다. 비문 변조를 둘러싼 연구는 거의 매듭지어졌지만, 능비 비문에 대한 정치한 해석, 수묘 제도 관련 연구는 여전히 진행 중이다. 한층 더 세밀한 연구와 토론을 통해 광개토왕 관련 유적과 유물에 숨겨진 고구려사 해명의 비밀 코드가 풀리길 기대한다.

한강을 놓고 펼쳐진
삼국의 각축전

───── 몽촌토성 외 ─────

한강을 끼고 있는 서울은 백제와 조선의 왕도王都였고, 지금은 대한민국의 수도다. 서울이 중시된 이유로 한강의 이로움을 손꼽는 견해가 많다. 한강은 내륙 곳곳과 바다를 이어주는 거대한 물줄기였고 때로는 외침을 막아주는 자연 해자로 기능했다.

고구려, 백제, 신라는 나라의 명운을 걸고 한강 유역을 차지하기 위해 각축전을 벌였다. 최종 승자는 고구려도 백제도 아닌 '후진국' 신라였다. 신라가 삼한일통三韓一統의 유력 후보였던 두 나라를 제치고 승리의 축배를 들 수 있었던 계기는 무엇이고, 각축전 결과에 따라 세 나라의 운명은 어떻게 바뀌었을까?

몽촌·풍납토성과 함께 묻힌 백제인의 피란사

475년 고구려 장수왕은 고령인데도 친히 군사 3만을 이끌고 백제 왕도 한성을 쳤다. 개로왕은 성문을 굳게 잠근 채 싸우려 하지 않았다. 마침내 고구려의 공격이 시작되자 그는 중과부적衆寡不敵임을 알고 수십 명의 기병을 거느린 채 성문을 열고 달아나다 고구려군에 사로잡혀 참수됐다. 한성은 약탈의 대상이 됐고 수많은 백제인이 목숨을 잃거나 포로가 돼 고구려로 끌려갔다.

영원할 것만 같던 한성 백제가 최후의 날을 맞은 것이다. 그 시기 백제 왕성은 풍납토성과 몽촌토성이었다. 두 성에서는 오랜 세월 땅속 깊숙이 밀봉됐던 백제사의 아픈 기억들이 하나둘 여과 없이 드러났다. 1925년 대홍수 때 발견된 항아리 속 귀중품은 전란 와중에 급히 묻은 것으로 보이고, 1990년대 이래 진행된 성 내부 발굴에서는 화마가 휩쓴 집터들이 발견됐다. 몽촌토성에서는 고구려군이 주둔할 때 썼던 토기가 다수 발견되기도 했다.

한 세기 전(371년) '기세등등하게' 평양성을 공격해 고국원왕을 전사시킨 백제가 왜 이토록 쇠약해진 것일까? 그 이유는 개로왕이 국제 정세를 제대로 인식하지 못했고 무리한 토목공사로 나라 곳간이 바닥났기 때문이다. 그는 472년 북위에 표문을 올려 고구려

정벌을 요청했지만 북위는 당사자 간 해결을 조언하며 거절했다.
이 사건은 고구려를 자극하기에 충분했다. 장수왕은 승려 도림을
첩자로 보냈고, 도림은 바둑 실력을 미끼로 개로왕에게 접근해 환
심을 산 데 이어 국정에 개입해 백제를 구렁텅이에 빠뜨렸다. 개로
왕은 동맹국 신라의 군사 지원을 믿었으나 구원군이 채 도착하기
전 참수됐고 왕도는 함락됐다.

서울 구의동에서 발견된 고구려군 요새

웅진으로 천도한 백제는 불안감을 감추기 어려웠다. 고구려가 지금의 대전, 세종까지 내려와 백제를 압박했기 때문이다. 설상가상으로 문주왕과 동성왕이 신하의 칼날에 목숨을 잃었다. 다행히도 무령왕 때 국세를 회복해 여러 번 고구려를 쳐부수고 다시금 강국의 반열에 올랐지만 한성 수복의 꿈은 숙제로 남았다.

성왕은 선왕의 유지를 실현하고자 신라군을 끌어들여 고구려군을 몰아내기로 했다. 진흥왕과의 협상을 통해 한강 상류는 신라가, 하류는 백제가 영유하기로 약조하고 551년 함께 고구려군을 기습했다. 당시 상황을 잘 보여주는 유적이 1977년에 발굴됐다. 서울 광진구 구의동 소재 야트막한 언덕 위에서 무덤처럼 생긴 구조물 하나가 확인된 것이다. 겉흙을 걷어내자 내부에서 다량의 숯덩이, 불에 탄 흙과 함께 다양한 철기가 쏟아져 나왔다. 당시 조사단은 백제의 무덤이거나 빈소일 가능성을 제기했지만 20년이 지난 후 유적의 성격은 고구려 요새로 수정됐다. 나제 연합군의 기습 공격에 성채가 불타자 고구려 병사들이 가재도구, 무기, 농기구 등 모든 것을 버리고 황급히 달아난 흔적이었던 것이다.

그러나 한성을 되찾으려던 성왕의 꿈은 눈앞에서 물거품으로 변했다. 신라가 배신하고 한강 하류까지 차지한 것이다. 이 사건으로 두 나라는 554년 관산성에서 대대적인 전투를 벌였고 그 과정

고구려

1977년 서울 구의동 유적에서 발굴된 고구려 토기 장동호. 고구려군이 달아나면서 남긴 것으로 추정된다. 서울대박물관 제공.

에서 성왕을 비롯하여 대신, 장졸 등 백제인 수만 명이 목숨을 잃었다. 백제는 다시금 국가의 존망을 걱정해야 할 처지로 전락했다. 백제가 이러한 위기에 봉착한 데는 성왕의 책임도 컸다. 그는 영웅 군주로서의 자질을 지녔으나 개로왕과 마찬가지로 국제 정세를 냉정하게 판단하지 못했고 너무나 '순진'했다. 그는 동맹국 신라가 배신하리라고는 예상하지 못한 듯하다.

북한산에 세운 신라의 승전비

진흥왕은 오랜 라이벌 백제의 예봉을 꺾은 후 승리를 자축하며 555년 북한산에 올랐다. 그는 사방을 조망하며 가슴 벅찬 감회에 젖었을 듯하다. 눈앞에 펼쳐진 드넓은 땅은 스스로를 짐이라 칭하고 대왕으로 불리던 그의 땅, 당대의 표현을 빌리면 '대왕국토'였기 때문이다. 신라가 한강 유역을 차지한 것은 지증왕이 천명한 "덕업일신 망라사방(왕의 덕업이 나날이 새로워져 온 세상을 덮는다)"이라는 목표를 향해 큰 걸음을 내디뎠다는 점에서 의미가 크다. 한강 물길은 서해 바닷길로 이어져, 대륙을 향해 포부를 펼치려던 신라에 교두보 역할을 톡톡히 했고 삼한일통의 위업 달성에 결정적 요인으로 작용했다.

한강 유역 확보를 기념해 진흥왕이 북한산 비봉에 세운 기념비가 바로 국보 '서울 북한산 신라 진흥왕 순수비'다. 학계에서는 555년 진흥왕이 북한산에 올랐을 때 세운 것으로 보기도 하고, 그보다 늦은 561~568년 사이에 세운 것으로 보기도 한다. 이 비석은 조선 후기에 이르러 세상에 제대로 알려졌다. 금석문 연구에 일가견이 있던 '조선 최고의 감식안' 추사 김정희가 그 비밀을 파헤쳤다. 그는 1816년 북한산에 올라 비문을 상세히 판독하고, 이 비석이 신라 진흥왕의 순수비라는 사실을 확정했다.

앞으로도 한강 유역에서는 고구려, 백제, 신라의 물고 물리는 갈

국립중앙박물관에 전시 중인 신라 진흥왕 순수비. 백제를 꺾은 진흥왕은 북한산 비봉에 올라 승리를 자축했다. 국립중앙박물관 제공.

등의 역사를 적나라하게 보여주는 유적이 속속 발굴될 것으로 예상된다. 아마도 그 과정에서 오랜 세월 잊힌 삼국시대의 역동적 모습과 그 시대 사람들의 고단한 삶을 해명할 수 있는 결정적 단서가 나올 수도 있을 것이다. 무한경쟁의 시대에 우리는 백제의 길을 걸을 것인가, 신라의 길을 걸을 것인가 선택의 기로에 서 있는 것은 아닐까?

한강 이남에 주둔한
고구려군의 흔적

충주고구려비 외

장수왕은 427년 왕권을 강화하고 고구려의 새로운 도약을 기약하며 평양 천도를 단행했다. 학계에서는 평양 천도의 이유 가운데 하나로 남진南進을 지목한다. 장수왕은 서북방 선비족 왕조들과의 대결에 신경을 쓰면서 긴 호흡으로 남진을 준비했고 기회를 엿보다가 단 일격에 목표를 이루었다. 475년 82세 고령임에도 그는 친히 군사 3만을 이끌고 백제 왕도 한성을 공격했다. 승부는 오래지 않아 결판났다. 백제는 한성을 잃었고 개로왕은 참수됐다.

《삼국사기》에는 장수왕이 "남녀 8000명을 포로로 잡아 돌아갔다"고만 기록돼 있을 뿐 그 이후 누가 한강 유역을 차지했는지, 또 백제와 고구려 국경이 어디였는지 등에 관한 정보는 담겨 있지 않다. 따라서 475년 이후 두 나라를 둘러싼 역사는 미스터리로 남았다.

1979년 충주고구려비가 발견되면서 수수께끼가 풀리는 듯했지만 비석 건립 연대를 둘러싼 논란이 벌어지면서 관련 연구가 더디게 진척됐다. 그러던 차에 1990년대 후반부터 중부 지역 곳곳에서 고구려인이 차지하고 지키던 성책, 고구려인이 묻힌 무덤들이 속속 발굴됨에 따라 475년 이후 두 나라 사이의 역사가 차츰 해명되기에 이르렀다.

웅진성을 겨눈 고구려군 전초기지

1994년 대전 월평동 소재 건설공사 현장에서 유적이 발견됐다. 포클레인으로 유적이 훼손되는 현장을 목격한 시민의 신고로 발굴이 실시됐고 그 과정에서 여러 시기에 걸쳐 조성된 삼국시대 방어 시설이 드러났다.

초반에 관심을 끈 것은 목곽고였다. 마치 지하 벙커처럼 땅을 파고 그 속에 나무로 방을 만든 것인데 나무가 썩지 않고 그대로 남아 있었다. 진흙으로 가득 찬 내부를 조심스레 노출했더니 나무 사다리, 각목 다발, 말안장, 양이두羊耳頭와 함께 다량의 백제 토기가

충북 청원군(현 세종시) 부강리 소재 남성골산성에서 출토된 높이 33.3센티미터의 토기. 몸통이 길쭉하고 입술이 밖으로 벌어진 전형적인 고구려 토기다. 국립청주박물관 제공.

출토됐다. 양이두란 가야금이나 거문고의 머리에 해당하는 부품이다. 조사원들은 이 유적을 백제인들이 만든 것으로 단정하며 조사를 이어갔다.

　그런데 능선 정상부의 한 구덩이 속에서 형태나 색조가 백제 토

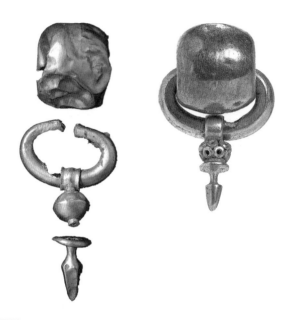

남성골산성에서 출토된 금귀걸이(왼쪽)와 청주(옛 청원) 상봉리에서 출토된 금귀걸이. 굵은 고리와 속 빈 구슬 등이 전형적인 고구려 양식이다. 둘 모두 금강 일원에 행차 혹은 거주한 고구려 귀족의 소유물로 보인다. 국립청주박물관 제공.

기와 다른 고구려 토기 몇 점이 출토되었다. 백제 유적에서 왜 고구려 토기가 나온 걸까? 의문은 곧 풀렸다. 북쪽 능선에서 고구려식 성벽이 확인된 것이다. 고구려군이 대전까지 내려와 성을 쌓고 주둔했을 가능성이 제기됐다.

2001년 금강변에서 유존 상태가 좋은 고구려 산성이 발굴되면서 월평동산성을 둘러싼 수수께끼도 함께 풀렸다. 충북 청원군(현 세종시) 부강리 소재 남성골산성 일대가 도로 공사 부지에 포함되자 충북대박물관 조사단이 발굴에 착수했다. 겉흙의 일부를 제거하자마자 여기저기서 목책을 세웠던 큼지막한 기둥 구멍이 확인되기 시작했고 얼마 지나지 않아 산 위를 감싸 도는 2겹의 목책이 전모를 드러냈다. 성안에서는 온돌을 갖춘 집터, 저장 구덩이, 식수 저장용 목곽고와 함께 고구려 토기·철기가 무더기로 쏟아져 나왔다. 특히 퇴적토 속에서 발견된 고구려 금귀걸이가 눈길을 끌었다. 많이 파손되었지만 평양 일대와 청원 상봉리에서 출토된 고구려 귀걸이와 유사했다.

월평동산성에서 고구려 흔적이 일부 드러났지만 백제 요소와 뒤섞여 있어 실체가 분명하지 않았다. 그러나 남성골산성에서는 고구려군이 만든 성책, 그들이 살았던 집 자리, 그들의 무기와 생활용품이 고스란히 드러났다. 학계에서는 이 산성을 '백제 웅진성을 겨눈 고구려군의 최전선 전초기지'로 추정한다.

고구려가 충주에 주목한 까닭은?

1979년 4월 충주 입석마을 입구에서 발견된 고구려비는 5세기 어느 시점에 고구려가 충주로 진출했음을 잘 보여준다. 비문이 심하게 마멸돼 비석 내용이나 세운 연대 등에 대해 논란이 있다. 비석이 처음 발견되었을 때 백제의 한성 함락 이후 세워진 것으로 본

견해가 정설이었으나 그 이후 5세기 전반에 세워진 것으로 연대를 올려보려는 주장이 제기됐다. 근래에는 5세기 후반의 비석에 5세기 전반의 사건 일부가 수록됐다고 보는 견해도 나왔다.

2007년 충주 두정리에서는 고구려 석실묘 6기, 2010년에는 탑평리 유적에서 고구려 온돌시설이 발굴됐다. 이 온돌은 5세기 전반 백제 집 자리가 폐기된 후 일정한 시차를 두고 만든 것임이 밝혀졌다. 따라서 이 온돌의 연대는 충주고구려비의 건립 시점과 비슷할 수도 있다.

고구려는 왜 충주를 장악하고 비석을 세웠으며, 고구려 사람들은 왜 그곳에 살다가 묻힌 걸까? 학자들은 그 이유로 충주의 풍부한 철산을 든다. 그러한 주장의 근거는 2006년 이래 탄금대 남쪽 칠금동에서 확인됐다. 바로 철광석을 녹이던 용해로가 무더기로 발굴된 것이다. 아울러 충주 곳곳에서 제철용 백탄을 굽던 가마터 수백 기가 발굴됐다. 이는 전국 각지에서 조사된 백탄 가마의 절반에 가까운 수치다. 백제 한성기에는 이곳에서 만든 철기가 배에 실려 풍납토성까지 옮겨졌을 것이다. 충주는 양질의 철광석, 백탄을 만들 수 있는 풍부한 땔감, 남한강 수운이라는 3박자를 두루 갖춘 곳이었다.

고구려는 충주를 우선 장악해 백제의 경제적 토대를 해체하려 했던 것 같다. 다만 고구려가 충주의 철산을 어떤 방식으로 경영했는지에 대해서는 아직까지 밝혀지지 않았다.

고구려

충주 탄금대토성에서 출토된 길이 30센티미터 내외의 철정(덩이쇠). 토성 내 저수시설을 인위적으로 폐기하며 함께 묻은 것으로 보인다. 4세기에 제작된 것으로 추정되며 당시 화폐처럼 쓰였다. 국립청주박물관 제공.

지금까지 발굴된 자료로 보면 475년 장수왕은 평양으로 돌아갔지만 고구려군의 주력은 여전히 서울이나 충주 등 한강 이남 주요 거점에 주둔했음을 알 수 있다. 6세기 중엽 백제와 신라가 합세해 한강 유역을 되찾기까지 고구려가 현재의 서울, 경기, 충청의 상당 부분을 영유했고 백제의 경제적 기반까지 고스란히 손아귀에 넣었던 것으로 보인다. 그러한 기반이 있었기에 고구려는 백제 웅진성 턱밑까지 진출해 백제의 숨통을 조일 수 있었을 것이다. 다만 아직 이러한 설명의 구체적 근거는 여전히 부족한 편이다. 새로운 발굴과 연구를 통해 5세기 후반 이후 고구려와 백제 사이에 벌어진 다이내믹한 역사가 제대로 서술될 수 있기를 바란다.

백제
I

한성기 백제사 해명의
일급 사료

───── 석촌동 고분군 ─────

백제사에서 근초고왕은 탁월한 군주로 손꼽힌다. 동진, 신라, 왜와
의 외교로 고구려 남진을 막은 데 이어 몸소 3만 대군을 이끌고 평
양성을 공격해 고구려 고국원왕을 죽였으며 각지로 땅을 넓혀 백
제 최대 판도를 이루었다. 생전 뭇사람들의 존숭을 한 몸에 받았을
그가 세상을 뜨자 상주인 근구수왕은 거대 무덤을 만들고 수묘인
을 배치해 그곳을 관리했을 것이다.

　그러나 무덤을 쓴 지 한 세기 만인 475년 근초고왕의 능은 고구
려의 수중에 들어갔고 551년에는 신라 땅에 편입된다. 그에 따라

백제 근초고왕 무덤으로 추정되는 서울 송파구 석촌동 3호분. 고구려식 적석총(돌을 쌓아 만든 무덤) 형태인데 다른 귀족들의 무덤과 차별화하기 위해 왕족 무덤에 외래 양식을 썼다는 설이 유력하다. 한성백제박물관 제공.

왕릉은 누구의 보호도 받지 못한 채 퇴락하거나 약탈 대상으로 전락했고 오랜 세월이 흐르면서 그에 대한 전승마저 사라지고 말았다. 다만 지금도 발굴 중인 서울 송파구 석촌동 고분군에 근초고왕릉으로 추정되는 무덤이 포함되어 있다. 그것은 어느 무덤이고, 그일대의 옛 무덤 발굴을 통해 새롭게 밝혀진 백제사의 비밀은 무엇일까?

용두사미로 끝난 일제강점기 발굴

한성기 백제 무덤은 일제강점기 초반에 다시금 세상에 알려졌다. 조선총독부는 1911년 이래 경기도 광주군 중대면 석촌리(현 서울 송파구 석촌동) 일대의 백제 무덤을 조사하고 1916년 그 내용을 간략히 공개했지만, 석촌리 일대의 무덤을 왕릉으로 인식하지는 못했다.

1917년 하반기, 조선총독부는 백제의 왕릉급 무덤을 집중적으로 발굴해 유물을 확보하기로 하고 실행에 나섰다. 실무를 담당한 야쓰이 세이이쓰 일행은 9월 21일 경성을 출발해 12월 27일 복귀할 때까지 경기(현 서울 포함), 충청, 전라 지역 유적을 발굴했다. 특히 그들은 백제의 왕릉급 무덤을 '빛의 속도'로 파헤쳤다. 그때 발굴된 석촌리 1호분(현 석촌동 3호분)은 근초고왕, 부여 능산리 동하총은 위덕왕, 익산 쌍릉은 무왕 부부, 나주 신촌리 9호분은 영산강 유역 유력자 가족의 무덤으로 추정되는 중요 유적이다.

그 무렵 석촌리 일대에 분포한 무덤은 293기 이상이었던 것으로 보인다. 그 가운데 석촌리 1호분이 가장 컸다. 야쓰이 일행은 돌을 쌓아 만든 적석총의 구조 및 발굴 방법을 몰랐기에 좁고 깊은 도랑 하나를 팠다가 무덤방이나 제대로 된 유물이 드러나지 않자 서둘러 발굴을 끝냈다. 그후 이 일대의 백제 무덤들은 총독부의 관심에서 멀어졌고 공주나 부여의 백제 무덤들과 달리 보존 조치가 추진되지 않았다.

석촌동 일대 고구려식 적석총의 비밀

광복 후 30년이 다 되어가던 시점에 우리 손으로 석촌동 고분군을 발굴했다. 잠실지구 개발사업에 따라 서울대박물관이 1974년 얼마 남아 있지 않던 석촌동 고분군을 발굴했는데, 그 무렵 지표조사를 진행한 결과 잔존 무덤은 5기에 불과했다.

기대했던 대형 적석총은 실망스럽게도 훼손이 심하고 무덤 주인공의 유해를 안치한 무덤방 등이 명확하게 드러나지 않았지만, 지표상에 봉분이 남아 있지 않았던 곳에서 무덤 하부가 잘 남아 있는 사례들이 속속 드러났다. 더구나 대형 무덤의 경우 주변에서, 작은 무덤의 경우 내부에서 전형적인 백제 토기와 기와, 황금 장신구, 중국 청자 등이 쏟아져 나와 이곳이 한성기 백제 사람들의 핵심 묘역임이 확인됐다. 특히 눈길을 끈 무덤은 3호분이었다. 이 무덤은 돌로 3층의 단을 쌓은 고구려식 적석총이고 길이가 자그마치 50.8미터나 되는 대형분이어서 일약 백제 왕릉으로 스포트라이트를 받았는데, 조사자는 근초고왕릉으로 특정했다.

석촌동 일대에 고구려식 적석총이 존재하는 이유를 둘러싸고 학계에서 논쟁이 벌어졌다. 처음에는 고구려나 부여에서 유력한 세력들이 이주하면서 전해진 것으로 보았고 극단적으로 4세기 무렵

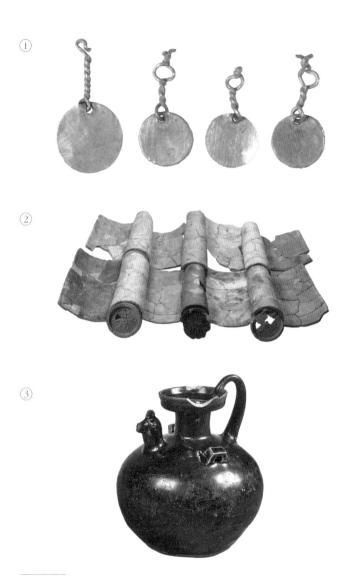

석촌동 일대에서 출토된 ① 금제 달개 ② 1호분 북쪽 적석총에서 나온 기와류 ③ 12호 목
곽묘에서 나온 흑유계수호(닭 머리 모양 주둥이 갖춘 검은 항아리). 한성백제박물관 제공.

백제 왕실이 북방계로 교체되었을 가능성을 상정하기도 했다. 근래에는 백제 왕실이 주체적으로 자신들이 여타 귀족과 다르다는 점을 강조하기 위해 외래 무덤 양식을 도입한 것으로 추정하는 견해가 많아졌다.

싱크홀이 불러낸 한성 백제

석촌동 고분군 발굴은 1987년까지 단속적으로 진행됐다. 그 무렵 대형 묘 발굴이 종료되어 추가 발굴은 없을 것으로 여겨졌다. 그런데 2015년 예기치 않은 일이 벌어졌다. 그해 석촌동 고분군 내 1호분 북쪽 잔디밭에서 싱크홀이 발생한 것이다. 조사 결과 나무로 만든 현대 지하 구조물이 무너져 내리면서 생긴 구덩이였음이 밝혀졌다.

이 조사에서 구덩이 주변으로 돌이 깔려 있다는 사실이 드러나면서 발굴이 시작되어 지금까지 계속되고 있다. 한성백제박물관이 실시해온 이 발굴에서 새로운 사실이 많이 확인됐다. 가장 눈에 띄는 사실은 수십 기의 적석총이 연접된 모습으로 드러난 것인데 길이가 자그마치 100미터를 넘어선다. 무덤 상부는 대부분 훼손되어 남아 있지 않았으나 무덤이 빼곡히 서로 이어져 있는 모습이 이채롭다. 아마도 혈연적으로 가까운 인물들이 오랫동안 무덤을 이어 붙여가면서 축조한 것으로 보인다.

연집 적석총의 하부에는 더 이전 시기에 만든 목관묘와 목곽묘가 분포하며, 연접된 무덤들 중간중간에서 장송 의례를 거행하던 터가 확인됐다. 그곳에서 여러 사람분의 화장된 인골 조각들이 발견되었고 다량의 기와와 함께 화려한 금제 장식품이 출토되기도 했다. 그동안 석촌동 고분군에서 출토된 기와의 용도를 파악할 수 있는 단서도 확보했다. 이전에는 고구려처럼 적석총 상부에 세운 건물의 지붕에 올렸던 것으로 보아왔으나 근래의 발굴 결과 적석총 주변에 마련된 의례용 건축물 지붕에 올렸을 공산이 커졌다.

이처럼 석촌동 고분군은 한성기 백제사 해명의 '일급 사료'이지만 절대다수의 무덤이 제대로 조사되지 못한 채 사라져 아쉬움이 크다. 다만 지난 반세기 동안 상당한 자료가 축적되었다. 그러한 자료를 바탕으로 한층 더 정밀한 연구가 진행되어 백제 초기 역사가 제대로 밝혀지길 바란다.

세종시 강변에 세운 백제의
'계획도시'

―――――――― 나성리 유적 ――――――――

2003년 이래 8년 동안 행정중심복합도시 건설 부지에 대한 유적 조사가 실시됐다. 그 과정에서 야외박물관이라고 불러도 좋을 정도로 다양한 유적이 확인되었다. 금강 북안의 연기군 나성리(현 세종시 나성동) 일대에서는 '발 디딜 틈조차 없을 정도'로 백제 때 만든 건축물 흔적이 빼곡히 드러났다.

반지하식 집터 몇 동이 군집을 이룬 통상의 소규모 마을과 달리 수레가 다닐 수 있는 넓은 도로를 냈고, 그 도로 가까이 수백 동의 건물 터가 정연하게 자리하고 있었다. 학계에서는 이 유적을 백제

나성리 유적의 항공사진. 금강 변의 수백 동 건물지는 백제 중앙에서 파견돼 수취 관련 업무에 종사하던 관인들의 거주 공간과 수취한 곡물 등을 임시 저장한 창고로 추정된다. 한국고고환경연구소 제공.

가 만든 '계획도시'로 해석한다. 이 발굴을 통해 백제사의 어떤 비밀이 밝혀졌을까?

나성리 물류창고와 희귀한 얼음창고

이 유적에서 가장 위계가 높은 건물은 둘레에 큼지막한 도랑을 친 것인데, 그러한 건물이 40여 동이나 확인됐다. 그밖에 창고일 가능

충남 연기군 남면 나성리(현 세종시 나성동)에서 출토된 수막새(와당·왼쪽)와 서울 풍납토성에서 출토된 수막새는 닮았다. 백제의 한성 궁궐 주요 건물에 사용된 기와가 지방에서 사용된 것은 특이한 사례다. 국립공주박물관 제공.

성이 있는 지상식 건물 116동, 망루 6동, 다수의 구덩이 등이 일정한 간격으로 기획성 있게 배치되어 있었다. 특히 금강으로 이어진 간선도로를 따라가면서 창고가 집중적으로 만들어져 있었다. 창고의 구조는 바닥에서 띄워 저장 공간을 마련한 고상식高床式이어서 곡물 등을 저장했을 가능성이 있고, 화물을 선착장으로 쉽게 옮길 수 있는 공간에 창고를 만들었음을 알 수 있다.

금강 가까운 곳에서는 빙고氷庫 터 1기가 확인됐다. 빙고의 너비는 3.9미터이고 깊이는 1.15미터 규모로 아주 큰 편은 아니었는데, 길쭉한 배수로를 갖추고 있었다. 근래에 이르기까지 공주, 부여 등 백제 왕도의 강변에서 빙고 터가 여러 기 발굴되었다. 고대 사회에서 장례에 얼음을 사용했다는 역사 기록이 있는데, 왕도에서는 국가의 중요 행사 때 쓰려고 겨울철에 채빙하여 얼음을 보관했던 것 같다.

그런데 왕도가 아닌 나성리 일원에 왜 빙고를 만들었을까? 나성리에서 살던 인물의 지위, 그들이 근무한 관아의 위상이 매우 높았다는 뜻이다. 이러한 모습은 나성리 출토 유물에서도 증명된다. 하나는 궁궐 내 주요 건물, 왕과 그 일족의 무덤에 한정적으로 사용되는 수막새가 출토되었다는 점이다. 또 하나는 화려한 문양이 새겨진 토제 장고(장구) 조각이다. 크기가 작아 목에 걸고 허리 부위에 위치시킨 채 두드린다는 점에서 요고腰鼓라고도 불리는 이 장고는 왕도에서 들어온 것으로 보인다.

한일 교류사의 난제를 푼 허리띠장식

이 유적은 전체 규모에 비해 무덤 수가 적은 편이다. 금강 가까이에서 7기의 무덤이 확인되었는데, 한곳에서 발견된 5기의 무덤은 크게 원을 그리듯 둥글게 배치되어 있었다. 대체로 크기가 작고 망자의 시신을 목관에 넣어 안치하는 구조다. 그 가운데 가장 큰 4호묘도 길이가 3.5미터에 불과하다. 이 무덤들은 나성리 유적에서 떨어져 분포하는 송원리와 장재리 고분군 등 현지 유력자들의 묘역과 비교되지 않을 정도로 초라해서 처음에는 조사원들의 관심을 끌지 못했다.

그런데 반전이 일어났다. 5기의 무덤 가운데 가장 서쪽에 자리한 4호묘를 팠더니 내부에서 왕족이나 지방 유력자들만이 가질 수 있었던 금동제 목걸이, 허리띠장식, 화살통 부속구, 신발 등 고급 물품이 쏟아져 나왔다. 게다가 목관 판재의 보존 상태가 마치 근래 만든 것처럼 생생했다. 매장할 때 무덤 주인의 머리를 금강 방향인 남쪽으로 향하게 했다는 점도 주목을 받았다.

출토품 가운데 금동제 허리띠장식은 발굴 직후부터 현재까지 한일 양국 고고학자들로부터 큰 관심을 받고 있다. 그 이유는 네모난 꾸미개에 새겨진 용무늬가 일본 '국가 중요문화재'인 나라시 니자와센즈카新澤千塚 126호분 출토 금제 방형판 속 용무늬와 매우 유사하기 때문이다. 그간 이 금제 방형판의 제작지가 중국인지, 한반도인지, 혹은 일본 열도인지를 둘러싸고 다양한 주장이 있었지만, 나성리에서 허리띠장식이 발굴되면서 백제산일 가능성이 매우 높아졌다.

나성리 허리띠장식은 보존이 잘 안 되어 현재 용무늬가 남아 있지 않아 아쉽다. 다만, 처음 발굴되었을 때 촬영한 X선 사진을 통해 유려한 용무늬를 확인할 수 있어 그나마 다행이다.

'백제판 세종시'에는 누가 살았을까?

나성리 유적이 발굴된 후 학계에서 많은 연구가 진행됐다. 백제 중앙에서 나성리 유적을 조성했을 것이라는 점에는 이론이 없다. 이미 있던 취락을 확대해 만든 것이 아니라 새로운 공간에 거대한 토목공사를 벌여 세운 일종의 '신도시'라는 점, 그리고 전라도 광주 동림동 유적처럼 수취한 물품을 모았다가 왕도로 옮기는 기능을 담당했을 것이라는 점에 대해서도 이론이 없다.

나성리 일대에 거주하던 유력자들이 모두 왕도 출신 귀족인지, 혹은 송원리나 장재리 등 지역 출신 유력자도 포함되었는지에 대해서는 의견이 일치되지 않고 있다. 즉, 왕도 출신 귀족이라면 임기가 끝난 다음 한성으로 돌아갔을 테고 사후 서울 석촌동 고분군 등지에 묻혔을 것이다. 만약 지역 유력자가 포함되었다면 그들은 북으로 약 500미터 떨어진 송원리 고분군이나 금강 남쪽의 장재리 고분군에 묻혔을 것이다. 나성리에 대규모 고분군이 분포하지 않는 이유, 나성리 4호묘 주인공이 누구인지 등의 논점과 아울러 연구가 필요한 부분이다.

이처럼 1600년 전 현재의 세종시 일대에는 '백제판' 행정복합도시라 부를 만한 계획도시가 세워졌다. 이 도시는 비록 백제가 고구려의 습격을 받아 웅진으로 천도한 이후 기능이 급격히 축소되었지만, 백제가 영역을 확장하고 자신들의 문화를 꽃피우던 시기에 나라를 떠받치는 튼튼한 버팀목으로 기능했다.

 아마도 삼국시대 모든 나라는 나성리 유적과 유사한 거점 도시를 만들었을 테지만, 발굴을 통해 전모가 드러난 사례는 매우 드물기에 나성리 유적은 앞으로 초현기 지방 도시 연구에서 중요한 가치를 지닐 것으로 보인다. 이 유적에 대한 더 정치한 연구를 통해 한국 고대사의 세밀한 부분들이 차례로 조명되길 기대한다.

백제부터 조선까지 활용된
천혜의 요새

공산성

1624년 정월, 평안병사 이괄이 난을 일으켰다. 정예병 1만의 반란군이 파죽지세로 내려오자 조선 조정은 큰 혼란에 빠졌고 인조는 급기야 몽진을 결정했다. 설왕설래 끝에 차령 이남의 공주가 피란처로 결정됐다. 가슴 졸이며 공주에 도착한 왕은 감영이 아닌 공산성에 머물기로 했다. 혹 생길지 모를 위협에 대비하려 함이었다. 머지않아 이괄의 난이 진압되고 이괄의 수급首級을 눈으로 확인하기까지 그는 불면의 밤을 보냈다.

이보다 더 오래전에 인조보다 더 절박한 심경으로 공산성을 찾

공산성 왕궁지에서 출토된 용무늬가 새겨진 청동거울. 중국 청동거울을 본떠 만든 것으로 보인다. 국립공주박물관 제공.

은 왕들이 있었다. 475년 고구려 장수왕의 기습에 왕도 한성을 잃고 웅진으로 천도한 백제 문주왕이 그 가운데 한 사람이다. 상대는 반란군이 아니라 고구려의 대군이었기에 문주왕의 두려움은 더컸을 것이다. 백제 의자왕도 660년 나당 연합군의 공세로 사비성이 함락될 위기에 처하자 공산성으로 피신했다가 그곳에서 항복했다. 이처럼 여러 왕이 위기의 순간마다 '천혜의 요새' 공산성을 떠올렸다. 공산성은 어떤 곳이고, 그곳에서는 어떠한 역사의 흔적이 발굴되었을까?

발굴 개시 약 40년 만에 찾은 '대궐의 문'

사비로 다시 천도하기까지 웅진은 백제의 왕도였다. 63년이라는 길지 않은 기간이었지만 이 시기에 문주왕, 삼근왕, 동성왕, 무령왕, 성왕 등 5명의 왕이 재위했다. 그 가운데 문주왕과 동성왕은 신하에게 시해됐고 삼근왕은 어린 나이에 석연치 않은 죽음을 맞았다.

웅진이 현재의 공주임은 분명하지만 일제강점기 이래 왕궁이 어디에 있었는지 논란이 벌어졌다. 공산성 안에 있었을 것으로 보는 견해가 대세였지만 고구려나 사비기 백제의 사례를 들면서 공산성 밖에서 찾아야 한다는 주장도 꾸준히 제기됐다.

1980년 공주대박물관이 웅진기 백제의 왕궁을 찾기 위한 발굴에 착수했다. 10월 초부터 그해 말까지 4차에 걸쳐 공산성 내외 곳곳을 파보았지만 왕궁지로 지목할 만한 곳은 찾지 못했다. 그러다가 1985년에 이르러서야 왕궁지의 단서를 찾았다. 이괄의 난 때 인조가 머물렀던 쌍수정 앞 넓은 뜰에서 대형 건물지 여러 동과 함께 석축 연못, 지하 창고 등이 확인됨에 따라 조사단은 그곳을 왕궁지로 특정했다.

그러나 반론도 만만치 않았다. 발굴품 가운데 다수가 사비기 백제나 통일신라 때의 것이었기 때문이다. 그 탓에 쌍수정 앞뜰에 왕궁지가 아닌 '추정왕궁지'란 이름이 붙었다. 이어 성 내외 곳곳을 발굴했지만 그 어느 곳에도 왕궁의 흔적은 없었다. 그러던 차에 2018년 말부터 이듬해 봄까지 진행된 발굴에서 왕궁의 위치를 알려주는 결정적 실마리가 드러났다. 공산성의 남문인 진남루와 추정왕궁지 사이에서 '대궐의 문'에 해당하는 문궐門闕 흔적이 발견된 데 이어 쌍수정 주변에서 대규모 토목공사를 벌여 만든 대형 건물의 기초부가 확인됐다. 이 발굴을 통해 웅진기 백제 왕궁의 위치가 쌍수정 앞뜰이었음이 분명해졌다.

지하 깊숙이 숨겨진 '백제 최후의 날'

수십 년간 진행된 공산성 발굴의 하이라이트는 옻칠 갑옷이 발견되던 순간이다. 2011년 4월 공주대박물관 조사단은 공북루 앞 광장에서 발굴에 착수했다. 1990년대까지만 해도 그곳에 큰 마을이 있었기에 백제 유적은 대부분 훼손된 것으로 여겼다. 하지만 시굴조사 때 지하 5~7미터 지점에 백제 유적이 남아 있음을 확인했기에 정밀조사를 시작한 것이다.

퇴적토가 워낙 두꺼워 발굴이 만만치 않았다. 켜켜이 쌓인 흙을 조심스레 걷어낸 다음 백제 때의 생활면까지 도달하는 데 몇 달이 걸렸다. 9월 하순에 이르러 펄이 가득 채워진 구덩이 속에서 유물

충남 공주 공산성에서 발굴된 검은색 갑옷 조각. 붉은 글자인 '行貞觀十행정관십'(오른쪽), '九年四月廿一日구년사월이십일일'은 백제 의자왕 5년인 '645년 4월 21일'이란 뜻으로 백제가 멸망하던 시기 땅에 묻힌 것으로 추정된다. 공주대 역사박물관 제공.

이 쏟아져 나오기 시작했다. 처음에는 토기와 기와 조각이 주종을 이루었으나 10월 초, 놀라운 유물이 출토됐다. 꽃삽으로 펄을 조금씩 제거하던 이현숙 학예사는 보존 상태가 완벽한 옻칠 갑옷 조각을 발견한 데 이어 검은색 갑옷 조각에 유려한 필체로 써내려간 붉은색 글자들을 찾아냈다. '행정관십구년行貞觀十九年'. 여기서 '정관'은 당나라 연호로, 19년은 645년이며 백제 의자왕 5년에 해당한다. 유물 노출 작업은 계속됐고 여러 관청의 명칭, 이씨 성을 가진 인명이 쓰여 있는 갑옷 조각을 추가로 찾아냈다. 옻칠 말갑옷, 철제 갑옷 조각, 은으로 장식된 큰 칼도 출토됐다.

조사단은 옻칠 갑옷의 출토 맥락을 검토한 뒤 '백제산 갑옷을 의자왕 혹은 그에 준하는 인물이 사용하다가 패망 시점에 묻은 것'으로 추정했다. 이 견해에 대해 갑옷의 주인을 당나라 장수로 보아야 한다는 반론이 제기됐다. 갑옷에 쓰인 관청명이나 인명이 백제의 기록에서 확인되지 않는다는 점이 주요 논거다. 이 갑옷의 주인이 패망한 백제 의자왕 혹은 왕족인지, 백제를 패망시킨 당나라 장수인지는 단정하기 어렵다. 그러나 이 갑옷이 백제 '최후의 날'을 전후해 땅에 묻혔음은 분명해 보인다.

여전히 풀지 못한 공산성의 비밀

국내에서 공산성처럼 백제, 통일신라, 고려, 조선에 이르기까지 연이어 방어시설로 활용된 사례는 찾기 어렵다. 백제 패망 후 그 터에 여러 시기에 걸쳐 새로운 건물이 지어지면서 백제의 흔적은 상당 부분 지워졌다. 다만 저지대의 경우 지속적으로 토사가 퇴적되면서 백제의 흔적이 봉인됐고 천수백 년 후 발굴로 그 흔적이 드러났다.

40년 이상 지속된 발굴로 여러 시기의 유적과 유물이 차례로 드러났다. 백제와 관련된 것으로는 왕궁, 관아, 공방, 연못, 도로 등이 발굴됐고 건물 지붕을 장식했던 각종 기와, 일상에서 사용한 토기, 전장에서 쓰던 갑옷과 무기 등이 쏟아져 나왔다.

이러한 성과에도 불구하고 공산성을 문주왕 때 처음 쌓았는지, 궁궐 내 전각은 언제 만들어졌고 어떻게 배치되어 있었는지, 동성왕 때 세운 임류각은 어디에 있는지, 무왕은 사비의 궁궐을 수리할 때 왜 한동안 공산성에 머물렀는지 등은 지금도 여전히 풀지 못한 수수께끼로 남아 있다.

백제 웅진 천도의 든든한 배경

──── 수촌리 고분군 ────

서울은 수백 년간 백제의 왕도였지만 급격한 도시화 과정에서 백제 유적 다수가 사라졌다. 지금은 풍납토성과 몽촌토성, 석촌동 고분군 일부만 남아 있다. 그간 여러 차례 발굴 조사를 실시했지만 최고급 물품이 출토된 사례는 극히 적다. 다만 백제 왕이 지방 유력자들에게 준 물품이 여러 유적에서 간간이 출토된 바 있어 백제 건국 초기인 한성기 백제 문화의 일단을 살펴볼 수 있을 뿐이다.

2003년에 발굴된 공주 수촌리 고분군에서는 백제 왕릉 출토품이라 해도 어색하지 않을 정도의 품격 있는 유물이 무더기로 출토됐다. 이 유물들은 한성기 백제의 역사와 문화를 연구하는 데 귀중한 자료가 됐을 뿐만 아니라 그간 학계에서 제대로 해명하지 못한 웅진(현 공주) 천도의 배경을 밝히는 결정적 단서가 됐다.

농공단지 만들려다 발견한 유적

때로는 중요한 유적이 전혀 예상하지 못한 곳에서 우연히 발견되곤 한다. 무령왕릉이 그러했듯 공주 수촌리 고분군도 어느 날 갑자기 모습을 드러냈다. 이 고분군이 위치한 충남 공주 의당면은 공주 시가지에서 북쪽으로 치우쳐 있다. 정안천을 중심으로 그 주변에 논이 있고 야트막한 능선마다 밤나무가 서 있는 한적한 농촌 풍경이 펼쳐져 있다.

2000년대 초반 공주시는 의당면 수촌리 일대에 농공단지를 만들기로 하고 공사 대상 부지에 유적이 분포하는지 여부를 확인하고자 충청남도역사문화연구원에 조사를 맡겼다. 공주시나 발굴 기관 모두 공사 대상 부지에 중요 유적이 분포되어 있을 것이라고는 전혀 생각하지 않았다. 지표상에서 토기 조각이 약간 수습됐지만 봉분 흔적 등 중요 유적 분포 징후가 나타나지 않았기 때문이다.

그런데 2003년 발굴에 착수해 조사원들이 일부 구역의 겉흙을 제거하자 백제 목곽묘와 석실묘가 군집돼 있음이 드러났다. 특히 'II구역'이라 명명한 곳에는 무덤 5기가 둥글게 모여 있었다.

백제 왕이 나누어준 신임의 징표

무덤 5기에 차례로 번호를 매긴 다음 1호분부터 파고 들어갔다. 1호분은 장방형 구덩이 안에 목곽을 시설한 무덤으로 5세기 초 축조되었다. 무덤 내부에 매몰된 흙을 제거하자 가장자리 쪽에서 마구馬具, 무기 등 철기와 함께 중국 동진에서 들여온 청자가 출토됐다. 이어 무덤 주인공의 유해 부위에서 화려한 금동관이 드러났다.

금동관은 고깔 모양 외형에 불꽃무늬와 용무늬가 섬세하게 조각된 명품이었다. 서울에서 출토됐다면 백제 왕관이라고 단정해도 좋을 정도로 화려했다. 금동관 주변을 노출하니 금귀걸이 1쌍이 있었고 조금 아래쪽에서 짐승 머리가 새겨진 허리띠장식, 용무늬가 상감기법으로 표현된 장식대도가 차례로 발견됐다. 무덤 주인공 발치에는 금동신발 1켤레가 놓여 있었는데 발굴 후 엑스선 촬영 결과 발 뼈가 들어 있는 것으로 나타났다. 이어 발굴된 4호분은 1호분보다 조금 늦은 시기에 만들어진 석실묘로 1호분에 버금가는 화려한 유물이 다수 출토됐다. 이 무덤에서 출토된 금동관에도 불꽃무늬와 용무늬가 조각되어 있었다.

수촌리 고분군 발굴이 기폭제가 됐는지, 그 이후 백제 지방이었던 경기 화성, 충남 서산, 전북 고창, 전남 나주, 고흥에서 5세기 백제의 화려한 황금 유물이 연이어 발굴됐다. 이 유물들은 고구려나 신라의 것과 다른 백제만의 스타일을 지니고 있어 백제 왕이

충남 공주 수촌리 1호분에서 출토된 금동관. 백제 금동관 중 가장 오래된 것이며 고깔 모양에 용무늬와 불꽃무늬가 섬세하게 새겨져 있다. 충청남도역사문화연구원 제공.

내려준 물품일 가능성이 제기됐다. 아마도 당시 백제 왕이 지방을 지배하는 과정에서 현지 세력들을 활용했고 그들에게 신임의 징표로 왕과 그 일족만이 누릴 수 있었던 귀중품 일부를 나누어준 것 같다.

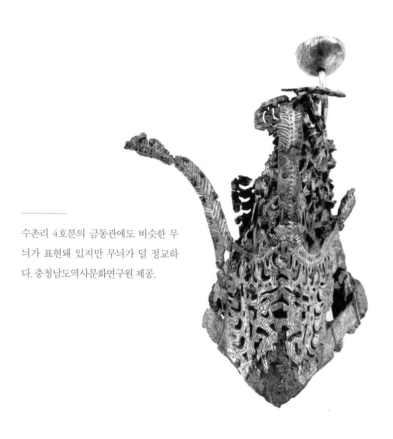

수촌리 4호분의 금동관에도 비슷한 무늬가 표현돼 있지만 무늬가 덜 정교하다. 충청남도역사문화연구원 제공.

1500년 만에 다시 결합된 대롱옥

4호분 발굴이 끝나갈 무렵 짙은 갈색조의 대롱옥(구멍 뚫은 짧은 대롱 모양 구슬) 1점이 수습됐다. 잘 만들어졌지만 한쪽 끝이 파손된 모습이었다. 조사원들은 혹시 남은 파편이 있는지 확인하기 위해 주변을 샅샅이 조사했지만 찾을 수 없었다. 의문이 남았으나 4호

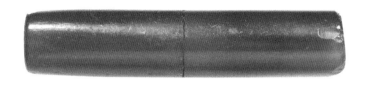

수촌리 4호분과 5호분에서 출토된 유리제 대롱옥. 불투명한 유리로 만든 대롱옥의 일부가
남성 무덤인 4호분에서 먼저 발견됐고, 이어 여성 무덤인 5호분에서 나머지 조각이 발견
됐다. 남편이 먼저 세상을 뜨자 부인이 자신의 애장품을 잘라 일부를 묻어준 것으로 보인다.

분 발굴은 그대로 종료됐다.

　뒤이어 5호분 내부에 대해 세밀한 발굴이 시작됐다. 5호분은 4호
분에 버금가는 규모의 석실분이었지만 화려한 황금 장식이 출토
되지 않았다. 출토된 토기로 보아 4호분보다 조금 늦은 5세기 중
엽에 만든 무덤임을 알 수 있었다. 그런데 이 무덤 바닥에도 4호분
과 마찬가지로 짙은 갈색 대롱옥 1점이 놓여 있었다. 조심스레 수
습해 세척하니 이 유물 역시 한쪽 끝이 파손된 모습이었다.

　조사원들은 '혹시나…' 기대하며 이미 수습한 4호분 대롱옥과
파손 부위를 맞춰보았다. 예상대로 한 치도 어긋남 없이 완벽하게
맞았다. 원래 하나였던 것이 절반으로 잘려 두 무덤에 각기 묻힌
것이다. 남성 무덤인 4호분이 먼저 축조되고 여성 무덤인 5호분이
나중에 축조되었다는 점을 고려하면, 남편이 먼저 세상을 뜨자 부
인이 자신의 애장품을 반으로 잘라 남편 무덤에 묻은 것으로 볼 여

지가 있다. 저세상에서도 서로를 알아보기 위한 징표, 즉 재회의 부절符節은 아니었을까?

수촌리 고분군은 발굴 후 중요성을 인정받아 국가 사적으로 지정됐고 공주시는 농공단지 신축 계획을 포기했다. 최근까지 이 고분군에 대한 발굴이 이어져 무덤 수십 기가 추가로 조사됐다. 이 고분군에서 발굴된 금동관을 비롯해 화려한 장신구들은 한성기 백제의 공예 기술이나 복식 제도를 밝히는 데 핵심 자료로 활용되고 있다. 더구나 백제사를 연구하는 학자들을 중심으로 475년 절체절명의 위기를 맞은 백제가 웅진으로 천도한 것은 수촌리 고분군에 묻힌 인물들처럼 가장 믿을 수 있는 세력이 그곳에 존재했기 때문이라는 주장이 나와 지지를 받고 있다. 물론 아직 모든 사실이 온전하게 밝혀지지는 않았지만, 수촌리 고분군이 이와 같은 새로운 연구의 출발점이 됐으며 백제사 속 여백을 메우려는 학자들에게 어두운 하늘의 '한 줄기 빛'처럼 새로운 희망을 던져준 것은 분명하다.

백제 곳곳 들어선
'열쇠구멍 무덤'의 수수께끼

—— 신덕고분 외 ——

1983년 이래 언론 지상에 '전방후원분前方後圓墳'이라는 생소한 표현이 자주 등장했다. 일본 고훈시대(서기 3세기 말~6세기 중엽) 무덤인 전방후원분이 어떤 이유로 우리 언론의 주목을 받은 걸까? 봉분의 외형이 열쇠구멍처럼 생긴 왜계倭系 무덤이 우리나라에서 차례로 드러났기 때문이다. 그 소식을 접한 일본 학계는 반색했고 우리 학계는 당혹했다. 임나일본부설 부활을 둘러싼 기대와 우려가 팽팽한 긴장감을 불러왔다.

우리 학계에서는 새로 발견된 무덤이 왜의 전방후원분과 다르다

광주 광산구 월계동 고분의 모습. 봉분이 열쇠구멍 모양인 왜의 전방후원분 모습을 하고 있다. 이런 전방후원분은 호남 지역에서 지금까지 16기가 확인됐는데 5세기 말~6세기 초 백제 시기에 축조된 것으로 추정된다.

는 점을 강조하기 위해 이름을 장고분 또는 전방후원형고분으로 바꿔 부르거나 일본보다 더 이른 시기에 축조된 무덤이라 주장하기도 했다. 지난 40년 동안 16기의 전방후원분이 확인되었고 그 가운데 10기가 발굴되었지만 여전히 무덤 주인공을 둘러싸고 열띤 논쟁이 이어지고 있다.

전남에서 발견된 일본 규슈 스타일의 석실

1983년 영남대 강인구 교수는 대학신문에 깜짝 놀랄 만한 연구 성과를 공개했다. 한반도 곳곳에 일본보다 이른 시기의 전방후원분이 분포한다는 내용이었다. 그가 지목한 무덤에는 고성 송학동 1호분이 포함됐다. 그는 1985년에는 해남 방산리 장고분, 그 이듬해에는 해남 용두리 고분의 측량도를 작성한 다음 그것을 근거로 두 무덤 모두 전형적인 전방후원분임을 역설했다. 그의 견해는 크게 주목받았지만 발굴로 이어지기까지 많은 세월이 걸렸다.

송학동 1호분은 2000년에 발굴이 시작되었는데 조사 결과 전방후원분이 아니었고 3기의 무덤이 연접해 축조되어 외형이 전방후원분처럼 보였다는 사실이 밝혀졌다. 3기의 무덤에서는 소가야, 대가야, 신라, 왜 등 여러 곳의 토기가 함께 출토되었고 1B호분으로 명명된 무덤의 석실은 전형적인 일본 규슈 스타일이었다.

이와 달리 방산리 장고분은 2000년, 용두리 고분은 2008년의 조사에서 전방후원분임이 밝혀졌다. 아쉬운 것은 정식 조사 이전에 이미 도굴의 피해를 입었다는 점이다. 두 무덤 모두 6세기를 전후해 축조되었음이 밝혀져 이 무덤들이 일본 전방후원분의 기원이 되었으리라는 강 교수의 주장은 사실이 아닌 것으로 드러났다. 그러나 전방후원분을 찾아 전국을 누빈 그의 열정 덕분에 호남 지역 전방후원분에 대한 조사 및 연구가 일찍부터 이루어질 수 있었다.

또다시 나온 일본산 금송 목관

전방후원분의 존재가 언론을 통해 공개되자 부작용이 뒤따랐다. 야산이라 여겼던 곳이 인공으로 쌓아올린 거대 무덤이라는 사실이 알려짐에 따라 전방후원분은 도굴의 표적이 됐다.

　1991년 국립광주박물관 연구원들은 함평 예덕리 신덕고분을 측량하기 위해 현지를 찾았을 때 참혹한 도굴 흔적을 목격했다. 그들이 즉시 상부에 보고하자 이어령 문화부 장관은 검찰총장에게 직접 전화를 걸어 수사를 요청했다. 국립광주박물관도 조사단을 꾸려 긴급 수습 발굴에 나섰다. 교란된 흙을 제거하고 석실 안으로

신덕고분 발굴 시 봉분 축조 방식을 조사하는 모습. 국립광주박물관 제공.

진입하니 큼지막한 목관 조각과 함께 도굴꾼의 삽날에 깨졌음 직한 유물 조각이 여기저기 흩어져 있었다. 발굴이 끝났을 때쯤 한 남성이 국립중앙박물관 입구에 상자 하나를 맡겨 놓고 사라졌는데, 나중에 확인하니 그 속에 유물이 들어 있었다. 그 가운데 철제 손칼 조각을 발굴 시 수습한 손칼 조각과 붙여보니 딱 들어맞았다. 아마도 검찰의 수사망이 좁혀오자 위기를 느낀 도굴꾼이 그리 행동한 것으로 보인다.

국립광주박물관 학예실에서는 보고서 발간을 준비하며 목관의 재질을 분석했는데 무령왕 부부의 목관과 마찬가지로 일본산 금송으로 제작된 것이라는 결과를 얻었다. 또한 유물 가운데 백제산 혹은 현지산이 다수를 점하지만 왜에서 들여온 것도 일부 포함되

신덕고분에서 출토된 철제 말재갈. 국립광주박물관 제공.

어 있음을 확인했다. 연구가 제대로 진행되지 않은 시점에 이 고분
의 발굴 결과가 공개될 경우 자칫 임나일본부설의 근거로 오용될
가능성을 우려해 박물관장은 발굴 결과 공개를 보류하기로 결정
했다.

발굴 30주년이 되던 2021년 국립광주박물관은 발굴보고서를
간행하고 특별전시회를 열어 발굴 유물 전체를 공개했다. 이제 임
나일본부설과 관련한 두려움을 품지 않아도 된다는 자신감의 발
로였다.

무덤 주인은 망명한 왜인이나 왜계 관료?

지금까지 확인된 전방후원분은 고창, 영광, 담양, 광주, 함평, 영암, 해남, 나주에 분포한다. 보통 1곳에 1기만 축조되었고 광주 월계동이나 고창 칠암리처럼 2기가 모여 있는 사례는 드물다. 또한 현지 유력자들의 묘역에서 꽤 떨어진 곳에 흩어져 있는 경향이 있다. 발굴 결과로 보면 전방후원분은 5세기 말~6세기 초에 축조되었다.

그 시기의 백제사는 매우 다이내믹했다. 475년 고구려의 공격을 받아 왕도 한성을 잃고 웅진으로 도읍을 옮기는 등 위기를 맞았다가 무령왕 대에 이르러 다시 강국의 반열에 올랐다. 전방후원분이 분포하는 시기는 바로 백제가 나락에 떨어졌다가 원상을 회복하기까지의 약 반세기에 해당한다. 그 무렵 백제는 한강 유역을 상실했기 때문에 호남 지역에 대한 지배력을 강화하려 했다.

이러한 배경을 염두에 두고 전방후원분의 주인공을 백제 중앙이 현지 토착세력을 통제하기 위해 파견한 왜계 관료로 보는 견해가 많다. 그와 달리 현지 세력 중 일부가 자신들이 왜와 강한 연계를 가지고 있음을 보여주기 위해 전방후원분을 축조한 것으로 보기도 하고, 한반도로 망명한 왜인들이 흩어져 거주하면서 자신들의 정체성을 드러내기 위해 전방후원분을 축조한 것으로 보기도 한다.

이처럼 호남 지역 전방후원분은 아직도 실체가 제대로 해명되지 않았다. 2022년 초 광주-강진 고속도로 건설공사 중 나주 외곽에서 전방후원분이 확인되어 고속도로 노선이 변경된 점에서 알 수 있듯이 호남 지역 유적 가운데 전방후원분의 위상은 매우 높다. 뒤이은 발굴과 연구를 통해 전방후원분이 어떤 맥락에서 축조되었고 무덤의 주인공이 누구인지 제대로 밝혀지길 기대한다.

─────── 죽막동 유적 외 ───────

용왕은 요즘에는 민간신앙의 대상 정도로 여겨지지만 고대 사회에서는 국왕부터 백성에 이르기까지 많은 사람들의 마음속에 강고한 존재로 자리했다. 고대인들은 용이 바다와 연못, 심지어 우물 속에도 있다고 여겨 그곳에 제물을 바치고 소원을 빌었다. 신라 문무왕이 죽음을 앞두고 사후에 용이 되어 동해를 지키겠다고 유언한 점에서 알 수 있듯이 용은 호국의 신으로도 존숭을 받았다.

다만 용왕에게 올리는 제사는 흔적이 남지 않는 행위이다 보니 오늘날까지 고스란히 전해지기 어렵다. 그런데 30년 전, 백제가 주

1991년 12월 전북 부안 죽막동 해안 절벽에서 출토된 매미 모양 석제품들. 일본 제사 유적에서 주로 발견되는 것으로 맨 오른쪽 유물의 길이가 5.8센티미터다. 죽막동 유적에서는 총 194점의 석제품이 출토됐는데 매미 모양 유물은 34점이고 둥근 원판이 141점으로 가장 많다. 국립전주박물관 제공.

도하고 동아시아 여러 나라 사람들이 참여한 바다 제사의 흔적이 우연히 발견됐다. 그 이후 주로 연못이나 우물에서 고대 제사의 흔적이 속속 드러났고 그중에서 용왕께 지낸 제사의 사례도 확인됐다. 옛사람들은 왜 용왕께 소원을 빌었고 어떤 제물을 바쳤을까?

변산에서 함께 제사 지낸 세 나라

1991년 12월, 국립전주박물관 연구원들은 패총을 찾으려고 전북 부안 죽막동 일대에서 지표조사를 벌였다. 해안선을 따라 걷다가 발길이 죽막동 해안 절벽 위에 다다랐을 때 유병하 학예사의 눈에 토기 조각 몇 점이 스치듯 들어왔다. 군부대가 작전용 교통로 공사를 하던 중 유적이 훼손되면서 드러난 토기 조각들로, 이웃한 대나무 숲까지 흩어져 있었다.

연구원들이 대나무 숲속으로 들어가 꽃삽으로 바닥을 조금 긁어내자 다량의 백제 토기 조각과 함께 자그마한 석제품이 출토됐다. 오키노시마沖ノ島 등 일본 제사 유적에서 종종 출토되는 것과 유사했으며 끈에 꿰어 성스러운 장소에 매달던 물품으로 추정된다. 이듬해 국립전주박물관이 정식 발굴을 시작하자 3세기부터 조선시대에 이르기까지 면면히 이어져 내려온 바다 제사의 흔적이 차례로 드러났다. 유물 가운데 백제 토기가 가장 많았고 대가야 토기와 철기, 왜에서 만든 토기와 소형 석제품, 그리고 중국 남조 청자 조각이 출토됐다.

백제 땅이던 변산반도 절벽 위에 왜 여러 나라 물품이 함께 묻혔을까? 다량의 백제 토기와 함께 항아리에 담긴 대가야 유물, 다양한 종류로 구성된 왜의 석제품을 보면 적어도 백제, 대가야, 왜 등 세 나라 사람들이 함께 제사를 지낸 것은 분명해 보인다. 학계에서는 풍랑이 거세기로 유명한 죽막동 앞바다의 높은 파도를 잠재우고 바닷길의 안녕을 빌기 위해 평소 그 길을 이용하던 세 나라 사람들이 함께 모여 용왕께 제사를 거행한 것으로 해석하고 있다.

연못 속 용왕께 바친 제물

2005년 2월, 경남문화재연구원 조사원들은 경남 창녕의 화왕산 해발 739미터 정상 부근에서 발굴을 시작했다. 연못 내부를 조사해 유적의 성격을 해명해볼 참이었다. 네모난 연못의 한 변 길이는 14미터 정도였고 내부에 진흙이 가득 채워져 있었다. 보통 연못은 오랫동안 사용되므로 어떤 유물이 어느 층위에서 출토되는지를 살펴가며 조사를 진행했다.

　상층에서는 백자 조각, 상평통보, 비격진천뢰 등 조선시대 유물이 출토됐고 하층에서는 차를 갈던 다연, 철제 마구, 쇠솥, 목제품, 부적이 담긴 항아리 등 신라 유물이 다량 출토됐다. 특히 눈길을 끈 것은 목제품이었다. 길이가 49.1센티미터로 길쭉하고 한쪽이 둥글게 가공되어 있었다. 자세히 살펴보니 놀라운 점이 하나둘이 아니었다. 한 면에는 거친 붓 터치로 그려진 반라半裸의 여인상이, 다른 면에는 붓으로 쓴 글자가 빼곡했다. 묵서 가운데 용왕龍王이란 두 글자가 선명했다. 정수리, 목, 몸통의 급소 6곳에 홈을 낸 다음 금속제 못을 박았던 흔적들도 확인됐다.

2005년 2월 경남 창녕 화왕산 연못에서 발굴된 길이 49.1센
티미터의 목각 여인상. 가장자리를 따라가며 붓으로 그린 여
인의 세부 모습이 남아 있고 머리에 작은 쇠못이 박혀 있다. 경
남문화재연구원 제공.

　　연못 하층의 여러 유물에 대해 학계에서는 9세기 무렵 거행된
기우제의 제물로 보는 견해가 많다. 다만 목각 여인상의 성격을 둘
러싸고는 논쟁이 벌어졌다. 연못 속 용왕에게 바친 인신희생의 대
용품으로 보기도 하고, 특정 여성의 병을 치료하기 위해 만든 분신
으로 보기도 한다.

우물 속에서 발견된 아이 두개골

2000년 10월, 국립경주박물관 정원에서 9세기 신라의 궁궐 우물이 발굴됐다. 입구 지름이 1미터 정도에 불과해 처음에는 큰 관심을 끌지 못했고 깊지도 않을 것으로 예상했지만 며칠을 파 내려가도 바닥이 보이지 않았다. 당시 조사에 참여했던 필자는 약 8미터 깊이에서 쪼그려 앉아 유물을 수습하던 중 까무러치게 놀라 우물 벽을 기어오르고 싶은 심정이 되었다. 토기를 노출하려고 맨손으로 진흙을 걷어내다가 온전한 상태의 아이 두개골을 발견했기 때문이다. 주변을 노출하니 다른 부위의 뼈도 온전하게 남아 있었다.

발굴을 진행할수록 많은 동물 뼈와 유물이 뒤섞인 채 드러났다. 개 4마리, 고양이 5마리, 멧돼지, 소, 사슴, 고라니, 말, 쥐, 두더지, 토끼, 까마귀, 오리, 꿩, 매, 참새, 가오리, 상어, 고등어, 도미, 대구, 민어, 광어, 복어, 숭어, 붕어 등 온갖 동물의 뼈가 나왔다. 9미터 깊이에서 출토된 두레박은 그대로 사용해도 좋을 정도로 상태가 좋았다. 우물 바닥은 약 11미터 깊이에서 확인됐다.

학계에서는 이 우물 속 동물 뼈와 유물을 용왕께 바친 제물로 추정한다. 다만 아이의 유골이 왜 그 속에 있었는지에 대해서는 해석이 분분하다. 발을 헛디뎌 추락했을 가능성도 제기됐지만 제물로 보는 견해가 더 많다. 궁궐에서 무언가 절박한 사정이 생겨 육지와 바다에 사는 동물들을 잡아 제물로 바치고 그 위에 아이까지 희생

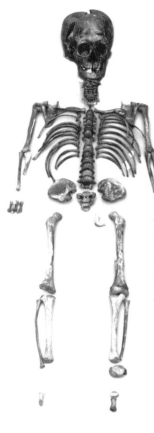

2000년 10월 국립경주박물관 내 우물에서 출토된 신장 123.8센티미터 정도로 추정되는 아이 유골. 전문가들에 따르면 유골의 성별을 알 수 없으나 나이는 7, 8세로 추정된다. 국립경주박물관 제공.

시켜 함께 묻어준 것으로 추정하고 있다. 이후 2008년에는 이 우물과 이웃한 '인용사지'로 알려진 절터의 10호 우물에서 '용왕'이란 글자가 쓰인 목간과 함께 다량의 토기, 동물 뼈, 씨앗류가 출토됐다.

부안 죽막동 유적이 발굴된 지 30년 이상이 흘렀다. 그 이후 곳곳에서 산발적으로 제사 유적이 발굴되고 있지만 우리가 파악한 정보는 아직 많지 않다. 일부를 제외하면 제사 유적에서 특별한 시설물 흔적이 확인되지 않고 유물도 소량 출토되기 때문일 것이다. 더 정밀한 발굴과 연구를 통해 고대인의 삶을 '날것 그대로' 바라볼 그날을 기다린다.

'영생'의 소망 담긴 사후 통행증

금동신발

2021년 4월 문화재청(현 국가유산청)은 백제 금동신발 2켤레를 보물로 지정했다. 그간 발굴된 수십 점의 금동신발 가운데 명품 반열에 오른 첫 사례였다. 다른 금동신발에 비해 보존 상태가 좋고 정교한 무늬까지 갖춰 보물로 지정됐다고 한다.

금동신발은 우리나라 삼국시대의 매우 특징적 유물이다. 세계 각지로 시야를 넓히더라도 만주와 한반도, 그리고 일본 열도 이외의 지역에서는 귀금속으로 만든 신발을 찾아보기 어렵다. 더욱이 일본 열도의 금동신발은 출토 사례가 많지 않은 데다 백제에서 전해졌거나 백제의 영향을 받아 만든 것이 대부분이다. 그러므로 금동신발의 중심지는 고구려, 백제, 신라라고 할 수 있다.

특히 백제의 금동신발은 크기가 대체로 30센티미터를 넘고 보존 상태가 좋은 편이다. 그리고 측면과 바닥에 용이나 봉황 등 상상 속 동물의 무늬가 정교하게 새겨진 경우가 많다. 백제 사람들은 왜 이처럼 크고 화려한 금동신발을 만들었고, 어떻게 사용했을까?

옹관 무덤에 묻힌 금동신발

1917년 조선총독부 직원들은 전남 나주 신촌리에서 봉분의 한 변 길이가 30미터나 되는 큼지막한 무덤 하나를 파헤쳤다. 바로 신촌리 9호분이다. 이 무덤 속에 큰 독을 이어 만든 옹관 여러 기가 들어 있었다. 그 가운데 을관乙棺이라 이름 붙인 옹관은 길이가 2.5미터에 달했다. 깨진 독 조각을 차례로 들어내자 유해는 남아 있지 않았으나 망자에게 착장시켰던 것으로 보이는 금동관과 금동신발이 나왔다. 원형을 그대로 유지한 모습이었다. 특히 금동신발 표면에는 신발 형태에 맞춰 칭칭 감은 마포가 그대로 붙어 있었다. 삼국시대 고분에 금동신발이 묻혀 있다는 사실을 알려주는 첫 사례였다.

그러나 발굴자는 이 금동신발에 큰 관심을 보이지 않았다. 금동신발 표면에 감겨 있던 삼베는 발굴 이후 모두 제거됐다. 이 신발의 착용 방식을 밝힐 수 있었던 결정적 단서가 사라져버린 것이다. 발굴자는 총독에게 "장례 방식과 유물로 보아 이 고분에 묻힌 사람들은 왜인倭人일 것"이라고 발굴 결과를 보고했다. 신촌리 금동신발 소유자에 대한 잘못된 인식은 광복 이후 영산강 유역 고분에 대한 발굴과 연구가 진전되면서 비로소 바로잡혔다.

인면조를 새긴 정교한 세공

1924년 우리나라 금동신발 가운데 가장 정교한 사례가 경주에서 발굴됐다. 발굴의 당초 목적은 금동신발이 아니었다. 금관을 발굴하라는 총독의 지시를 받고 조선총독부 직원들이 금관총 주변 폐고분 2기의 발굴에 나선 터였다. 그들은 금방울이 출토된 무덤에 금령총金鈴塚, 화려한 금동신발이 출토된 무덤에 식리총飾履塚이라는 이름을 붙였다.

이들은 금령총 발굴을 먼저 마무리한 다음 식리총 발굴에 본격나섰다. 금령총에서 금관이 출토됐기에 이 무덤에서도 금관이 나올 것으로 예상했으나 기대는 빗나갔다. 그 대신 발굴자들은 식리총 내 썩어 내려앉은 목관 부재 틈새에서 금동신발 1켤레를 발견했다. 이 금동신발은 발굴 당시는 물론 지금까지 삼국시대 금동신발 가운데 가장 정교한 유물로 손꼽힌다. 신발 바닥 가장자리에 불꽃무늬가 둘러져 있고, 안쪽 한 부분에는 인면조, 새, 괴수 등 무늬

1924년 경주 식리총에서 출토된 길이 32센티미터의 금동신발. 5세기 후반 백제에서 만들어 신라에 전한 것으로 추정된다. 국립중앙박물관 제공.

식리총 금동신발은 화려하고 정교한 세공을 자랑한다. 신발 바닥에 사람 얼굴을 한 새인 인면조(동그라미 안), 들짐승, 연꽃 등 무늬가 새겨져 있다. 국립중앙박물관 제공.

가 정교하게 새겨져 있었다. 바닥판에는 일정 간격으로 연꽃무늬가 조각돼 있었는데, 꽃무늬의 중앙에는 금동 스파이크가 박혀 있었다.

이 신발은 이후 오랫동안 뛰어난 신라 금속공예문화 수준을 보여주는 대표 유물로 각광을 받았다. 그러나 같은 시기 신라의 금속공예품과 비교하면 제작 수준이 현격히 높아 외부에서 들여왔을 가능성도 꾸준히 제기됐다.

백제 특유의 금동신발

1971년 발굴된 백제 무령왕릉에서는 왕과 왕비의 화려한 금동신발이 나란히 출토됐다. 왕의 신발에는 연꽃과 봉황 무늬가, 왕비의 신발에는 봉황과 팔메트(중동에서 유래한 좌우 대칭 구조의 식물 상징) 무늬가 정교하게 새겨져 있었다. 그 이후 익산 입점리, 공주 수촌리, 서산 부장리 등지의 백제 고분에서 연이어 무령왕릉에 선행하는 금동신발이 발굴되면서 백제 금동신발은 신라와 다른 스타일임이 밝혀졌다.

2009년 전북 고창군 봉덕리 1호분 4호 석실에서 보존 상태가 완벽한 금동신발이 1켤레 발굴됐다. 거기 새겨진 인면조, 연꽃, 봉황무늬 등은 식리총 신발과 매우 유사해 눈길을 끌었다. 5년 후 발굴된 나주 정촌고분 1호 석실에서도 봉덕리에 버금가는 금동신발

2014년 전남 나주 정촌고분 1호 석실에서 출토된 길이 31.8센티미터의 금동신발. 오른쪽 신발 앞코에 부착된 용머리 장식(동그라미 안)이 눈에 띈다. 국가유산청 제공.

이 출토됐다. 다만 발등 쪽에 큼지막한 용머리 모양 장식이 부착된 점이 특이했다. 연이은 발굴로 백제 금동신발의 양식적 특징이 밝혀졌고, 그로 인해 식리총 신발의 제작지를 백제로 특정할 수 있게 됐다. 식리총 신발은 아마도 당시 나제동맹으로 두 나라가 우호적인 관계였기에 신라로 전해질 수 있었을 것이다.

풍요로운 사후 세계를 향한 소망

이처럼 백제에서는 왕족이나 지방 유력자의 무덤에 백제 스타일의 금동신발을 함께 묻었다. 그런데 금동신발의 구조는 관, 귀걸이 등 여타 장신구와 달리 실생활에서 사용하기에 취약하다. 만약 실제로 신고 걸으려 한다면 한 걸음도 떼기 전에 바로 신발이 찌그러져버릴 것이다.

금동신발은 백제 왕실의 장례 용품이었다. 화려하고 귀한 금동신발을 무덤에 넣으면 사후 세계에서도 부귀를 누릴 수 있다고 믿었던 것이다. 결국 금동신발은 영생을 향한 소망을 담은, 사후 세계로 가는 '통행증'이었던 셈이다.

그런데 왕실의 특별한 장례 용품을 어떻게 지방 유력자들이 사용할 수 있었던 것일까? 근래의 여러 연구에 따르면 당시 백제 국왕이 지방을 통제하기 위해 현지 유력자들을 친족처럼 대우해주면서 왕실 전용 장례 용품을 그들과 공유한 것으로 보인다. 5세기 초 이래 약 1세기 동안 존속했던 백제의 금동신발은 538년 사비 천도 이후 사라진다. 부여로 도읍을 옮긴 이후 백제 사회는 변화를 거듭했고 장례 풍습도 대대적으로 개혁했다. 그 과정에서 백제 왕족의 사후 '패스포트'로 기능하던 금동신발이 자취를 감춘 것으로 추정된다. 새로운 발굴과 깊이 있는 연구를 통해 이러한 추정이 역사적 사실로 자리매김하길 기대한다.

최악의 발굴,
50년 넘게 이어진 교훈

무령왕릉

1971년 7월 8일은 한국 고고학 발굴사에서 가장 중요한 날로 손꼽힌다. 이날 백제 25대 무령왕의 능이 모습을 드러냈다. 우리나라 역대 왕릉 가운데 도굴되지 않은 데다, 주인공의 신원을 특정할 수 있는 유일한 무덤이라 큰 관심을 끌었다. "백제사 연구는 무령왕릉 발굴 이전과 이후로 나뉜다"는 말이 있을 정도로 이 발굴은 획기적이었다. 무령왕릉 발굴 후 새롭게 알게 된 사실과 지난 반세기 동안 밝혀낸 것은 무엇일까?

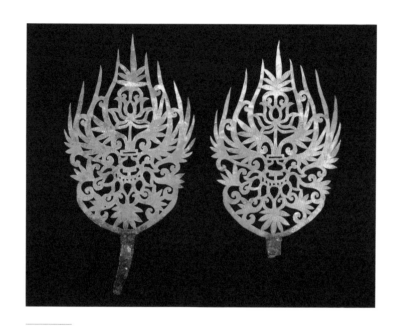

무령왕비 비단 관의 좌우 장식. 국립공주박물관 제공.

삼국사기의 오류를 알려준 지석

왕릉 발굴 이전까지 무령왕은 큰 주목을 받지 못했다.《삼국사기》
등 역사서에는 그가 농사를 장려하고 민심을 안정시켰으며 강역
을 넓혀 백제를 다시금 강국의 반열에 올렸다는 짧은 기록만 남아
있고, 언제 태어나 몇 세에 세상을 떴는지조차 쓰여 있지 않다. 이
런 아쉬움을 왕릉 발굴이 일부 해소했다. 고분 입구에서 무덤방까

백제 I

왕릉 널길 입구에서 발견된 무령왕릉 지석. 국립공주박물관 제공.

지의 통로인 '널길'에서 발굴된 네모난 돌판 2장, 즉 지석에는 무령왕 부부의 삶과 죽음에 대한 정보가 담겨 있었다. '조금만 더 자세히 써주지'라는 아쉬움도 있지만 그 짧은 기록 덕분에 그간 몰랐던, 혹은 잘못 알았던 사실을 바로잡을 수 있었다.

지석에는 백제 사마왕^{斯麻王}(무령왕의 생전 이름)이 62세 되던 523년 5월 7일 세상을 떴고 27개월 후인 525년 8월 12일 능에 안장됐다는 내용이 새겨져 있다. 이 기록을 통해 무령왕이 선왕인 동성왕보다 나이가 많을 수 있음이 밝혀졌고, 그를 동성왕의 둘째 아들이라고 기록한《삼국사기》의 오류를 수정할 수 있었다. 왕이 세상을 뜨면 시신을 관에 안치하고 27개월 동안 의례를 거행한 뒤 왕릉에 매장하는 백제 왕실의 특이한 장례 풍습도 세상에 알려졌다. 아마도 이 기간에 태자가 선왕의 장례를 주도하면서 정치적 위상을 다지고 왕위를 계승했을 것이다.

하룻밤 만에 발굴된 왕릉

1992년 8월, 국립공주박물관 학예사로 근무할 무렵에는 박물관 관람시간이 끝나길 손꼽아 기다리곤 했다. 삼국시대 귀금속공예품에 관심이 많았던 터라 저녁이면 전시실을 찾아 금 관식, 금귀걸이, 금동신발, 금은으로 장식된 칼 등을 세밀히 살펴보느라 밤새는 줄도 몰랐다.

문득 왕의 귀걸이(국보) 무게가 궁금해졌다. 묵직한 줄 알고 있었지만, 정확한 수치를 확인해볼 참이었다. 잔뜩 긴장하며 귀걸이 한 짝을 저울에 올려놓는 순간 눈금이 54.7그램을 향했다. 어림잡아 계산하니 당시 통용되던 무게 단위로 15돈에 가까워 깜짝 놀랐다. 우리나라 금귀걸이 가운데 무거운 사례에 해당한다. 신라 금귀걸이 가운데 백미이자 가장 무거운 경주 보문동 합장분 출토품(국보)의 무게가 58.7그램이니 무령왕 귀걸이가 그에 비견된다. 귀걸이의 무게는 금의 양과 관련되므로 소유자의 신분과 관련이 있다. 백제 금귀걸이 대부분이 10그램 내외임을 감안하면 무령왕 귀걸이

귀걸이의 표면에 자그마한 금 알갱이가 촘촘히 장식되어 있고 보수된 흔적이 있어 왕이 착용한 실용품임을 짐작하게 하는 무령왕 금귀걸이. 국립공주박물관 제공.

는 특별하다. 간혹 전시실에서 "왕의 귀걸이라 역시 다르네!"라는 탄성이 들리기도 한다.

　몇 년 후 박물관 지하 수장고에서 유물을 정리할 때 한쪽에 무더기로 쌓인 상자를 보니 나무뿌리, 왕겨 등 유기물이 가득했고 중간에 유리구슬, 금구슬이 섞여 있었다. 아직 정리되지 않은 무령왕릉 수습품임을 곧바로 알 수 있었다. 처음에는 왕겨에 주목했다. 무령왕릉의 밀폐상태가 워낙 좋았기에 '왕릉에 벼를 공헌했을 것'으로 추정했지만 곧 잘못된 생각임을 알게 되었다. 무덤 바닥에서 수습한 유물을 쌀 포대에 담다가 섞여 들어간 것이었다. 이런 시행착오

로 유물을 제대로 조사하는 데 10여 년이 걸렸고 국립공주박물관
은 그 자료를 정리해 특별전을 열었다.

무령왕릉이 무질서 속에서 하룻밤 만에 '뚝딱' 발굴된 점은 두고
두고 아쉬운 대목이다. 그나마 위안이 되는 것은 '최악의 발굴'에
대한 반성이 한국 고고학계의 발굴 수준을 획기적으로 개선했다
는 점이다. 이러한 반성 덕분에 1973년 천마총 발굴 현장에서 철
저한 준비와 정밀한 발굴로 나아가는 첫발을 뗄 수 있었다.

심층적 연구가 밝혀낼 비밀을 기대하며

1990년대 후반에는 무령왕릉 보존을 둘러싸고 큰 논란이 벌어졌
다. 왕릉 건축 부재인 전돌이 봉분 무게를 견디지 못해 다수 부서
졌기 때문이다. 조사 결과 왕릉 발굴 이후 생긴 문제로 밝혀졌다.
벽돌무덤이라 원래 봉분이 크지 않았으나 1970년대에 '왕릉에 걸
맞은 규모'로 봉분을 거대하게 복원했던 것이다.

1400년 이상 잘 보존되어온 백제 왕릉을 20세기 한국에서 30
년도 채 안 되어 돌이킬 수 없을 정도로 망가뜨린 것이다. 결국 문
화재청은 봉분 높이를 줄이고 왕릉을 영구적으로 폐쇄했다. 문화
재 보존기술이 나날이 발전하니 세계문화유산인 무령왕릉이 장차
원상을 회복해 새롭게 공개될 날이 오리라 조심스레 기대해본다.

근래 학계에서는 눈에 보이지 않는 분야를 집중적으로 연구하

고 있다. 바로 백제 왕실의 상장례 관련 연구다. 왕릉에 인접한 정지산 유적이 백제 왕실의 삼년상과 관련한 시설인지, 백제의 상장례가 주변국과 차이가 있는지에 대한 연구가 활발하다. 국립공주박물관이 왕릉 발굴 성과를 충실히 담아낸《무령왕릉 신보고서》도 완간되었다. 앞으로 다시 50년의 세월이 흐른 뒤 또 어떤 비밀이 새롭게 밝혀질지 몹시 궁금하다.

백
제

II

행방이 묘연한
백제 성왕의 두개골

백제 왕 가운데 가장 비참한 최후를 맞은 인물로 제26대 성왕이 꼽힌다. 그는 전장에 있던 태자(훗날 창왕)를 위문하러 관산성으로 향하다 신라군에 사로잡혀 참수돼 구덩이에 묻혔다. 나중에 신라가 그의 머리뼈를 관청 건물 계단 아래로 옮겨 묻어 백관들이 그 위를 지나가게 하고 나머지 뼈는 백제로 보냈다고 한다.

국가의 기틀을 다지느라 동분서주하던 성왕의 비참한 죽음은 백제 사회를 지극한 슬픔으로 내몰았을 것이다. 극심한 괴로움에 시달리던 창왕은 두개골이 없는 부왕의 유골로 어떻게 장례를 치렀고, 부왕의 명복을 빌기 위해 어떤 노력을 했을까?

참혹하게 파헤쳐진 왕의 무덤

근래 학계에서는 성왕이 부여 왕릉원(능산리 고분군)에 안장된 것으로 보는 데 큰 이견이 없다. 이 왕릉원은 1915년에 처음 발굴되었다. 그해 7월 9일, 도쿄제국대 구로이타 가쓰미 일행이 부여 능산리 산자락에서 무덤 발굴에 나섰다. 그곳에는 백제 왕릉으로 전하는 무덤 6기가 남아 있었다. 그들은 가장 큰 2호분(중하총中下塚)과 가장 작은 3호분을 선택했다. 남쪽으로 길쭉한 널길과 돌문을 갖춘 구조이므로 그쪽부터 조사하면서 무덤방으로 접근해야 하지만 그들은 천장을 뚫고 내부로 진입했다.

　당시에는 남의 무덤에 손대면 천벌을 받는다는 생각에 거의 도굴되지 않았기에 구로이타 일행은 무덤 안에서 백제와 왜의 관계를 보여주는 중요 유물이 쏟아져 나올 것으로 기대했다. 그러나 천장 일부를 제거하고 내려다본 무덤 속에는 아무것도 남아 있지 않았다. 이미 오래전 도굴되었던 것이다. 그들은 660년 백제를 점령한 당나라군이 약탈한 것으로 추정하면서 "부여는 우리(일본) 상대 문명과 긴밀한 관계를 지닌 백제 땅인데, 유물이 흩어져 그 문화를 알 수 없다"며 실망감을 드러냈다.

　발굴은 같은 달 16일 마무리됐다. 폭우로 조사를 중단한 사흘을

1915년 발굴된 충남 부여 왕릉원 무덤 6기 중 3호분. 이들 무덤은 발굴 당시 모두 도굴된 상태라 연구가 이루어지지 못했다. 하지만 1971년 무령왕릉이 발굴되며 비교 연구가 진행됐고, 6기 중 2호분이 성왕의 능인 것이 정설로 굳어지고 있다. 백제 후기를 장식한 성군 성왕은 태자를 만나러 가다가 신라군에 잡혀 참수됐고 그의 머리는 끝내 고국으로 돌아오지 못한 것으로 추정된다. 국가유산청 제공.

빼면 5일 만에 왕릉 2기를 '뚝딱' 발굴한 것이다. 그들이 판 2호분이 성왕의 무덤일 가능성이 크지만 발굴 시점은 물론 1960년대까지도 그러한 인식은 없었다.

처음 발견된 백제 고분벽화

1915년 7월 15일, 뒤늦게 부여에 도착한 도쿄제국대 세키노 다다시 일행은 이튿날 무덤 발굴을 시작했다. 그들은 왕릉원에서 두 번째로 큰 5호분을 팠는데, 역시 천장을 뚫고 내부로 진입했다. 그 무덤 역시 오래전 도굴되었지만, 앞의 두 무덤과 달리 금동제 유물 여러 점이 남아 있었다. 그 가운데 오각형 금동판은 왕의 관에 부착했던 장식품으로 추정된다. 발굴은 사흘 만에 끝났고, 세키노는 이 금동판 문양을 "중국 남조 양식을 이은 것으로 일본 아스카시대 공예품의 조형"이라고 평가했다.

나머지 3기의 무덤은 2년 후 조선총독부 야쓰이 세이이쓰 일행이 발굴했다. 야쓰이 일행은 1917년 9월 고적 조사를 위한 출장길에 나섰다. 박물관 진열품 확보를 명분으로 내세우며 서울 석촌동 고분군, 부여 능산리 고분군, 익산 쌍릉 등 백제 왕릉급 무덤을 차례로 파헤쳤다. 며칠간 부여에 머무르면서 발굴한 무덤 가운데 1호분(동하총)에서 중요 성과가 나왔다. 이미 도굴되기는 했지만, 무덤 내부에 벽화가 남아 있었다. 무덤방의 네 벽에 사신도四神圖가, 천장에 연꽃과 구름무늬가 그려져 있었다. 백제에서 처음으로 발견된 벽화이다.

이처럼 일제강점기에 공주, 부여, 익산에 소재한 백제 왕릉은 대부분 발굴됐지만 무덤 주인공을 특정할 만한 결정적 실마리가 없어 백제 왕릉 연구는 지지부진했다.

성왕의 능을 둘러싼 수수께끼

1971년 7월, 그 누구도 예상치 못했던 백제 왕릉 하나가 세상에 모습을 드러냈다. 바로 성왕의 아버지, 무령왕의 능이었다. 1500년 가까이 도굴이나 약탈적 발굴을 피해 살아남을 수 있었다는 것은 천운에 가깝다.

무령왕릉 널길과 무덤방 천장 구조가 터널식이라는 점이 밝혀지자 1970년대 후반부터 그 무덤과 부여 소재 왕릉의 구조를 비교하는 연구가 진행됐다. 그 결과 왕릉원의 무덤 가운데 터널형 천장을 갖춘 2호분이 사비 천도 후 가장 먼저 축조된 왕릉급 무덤이고, 규모 또한 가장 크다는 점에 주목하여 성왕의 능일 것이라는 견해가 나왔고 지금까지 별 이론 없이 받아들여지고 있다.

다만 성왕의 장례가 언제, 어떤 방식으로 치러졌는지는 알기 어렵다. 역사 기록으로 보면 신라의 말 키우는 노비 출신 고도라는 인물이 성왕의 목을 벤 다음 구덩이에 묻었고 그 이후 백제로 유골 일부가 전해졌다고 하므로 백제에서 성왕의 시신 없이 먼저 무덤을 축조하고 장례식을 거행했을 가능성이 있다.

신라로부터 유골을 돌려받은 후 개장했다면 그 시점은 언제일까?《삼국사기》에는 관산성 전투 이후 약 6년 동안 백제와 신라의

부여 왕릉원 1호분에서 출토된 금동제 목관 장식. 국립부여박물관 제공.

갈등이 보이지 않는다. 아마도 그 시점에 유골을 환수했을 것 같다. 그러나 561년 이후 두 나라 간 갈등의 불씨가 다시 점화하면서 성왕의 두개골은 끝내 백제로 돌아오지 못한 것으로 보인다.

　1995년 부여 왕릉원에 인접한 한 사찰 목탑터에서 "567년 백제 창왕의 누이가 부처 사리를 공양했다"는 기록이 드러났다. 이 기록을 토대로 학계에서는 이 절이 성왕의 명복을 빌기 위해 지은 능사陵寺였을 것으로 보고 있다. 이 시점에 이르러 유골 환수를 위한 외교적 노력이 절벽에 부딪히자, 창왕과 그의 누이는 성왕이 불교에

심취해 전륜성왕을 꿈꾸었음을 고려하여 절을 짓고 부왕의 극락 왕생을 기원한 것으로 추정할 수 있다.

근래 국립부여문화유산연구소는 부여와 공주에서 일제강점기에 발굴된 백제 왕릉을 다시 발굴하고 있는데, 이미 여러 성과가 나오고 있다. 지속적인 조사와 연구를 통해 지금은 사라진 것처럼 보이는 백제사의 이모저모가 부디 되살아나길 바란다.

'전륜성왕' 꿈 담긴
백제 절의 비밀

523년 백제 무령왕이 승하하자 왕자 부여명농이 왕위를 이었으니 그가 바로 성왕이다. 그는 귀족들의 힘이 여전히 강고한 현실에서 생존하기 위한 방책을 모색해야 했다. 고심 끝에 그는 부처의 힘을 빌리기로 했다. 우선 그는 '왕이 곧 부처'라는 중국 왕실의 불교 신앙을 받아들이고, 스스로 인도의 아소카왕처럼 전륜성왕轉輪聖王이 되려 했다.

그의 바람은 527년 대통사 창건으로 첫 단추를 제대로 끼웠다. 대통사는 이름과 위치를 특정할 수 있는 가장 오래된 백제 절이다.

충남 공주시 반죽동의 대통사지 당간지주(보물). 돌기둥 바깥 면에는 굵은 띠가 조각돼 있고 깃대를 고정하기 위한 네모난 구멍도 있다. 이는 백제 때 창건된 대통사가 통일신라 때 상당한 규모로 중건됐을 가능성을 보여준다. 대통사 터의 복원은 궁궐, 능역, 사찰을 잇는 '백제 문화 퍼즐'을 완성할 열쇠다.

우여곡절 끝에 근래 대통사 터를 찾으려는 발굴 조사가 속도를 내고 있다. 아직 사역寺域 내부까지는 조사하지 못했지만 절터 외곽에서 그 옛날 대통사의 영화를 보여주는 다양한 유물이 쏟아져 나왔다. 대통사는 과연 어떤 절이고, 절터 발굴을 통해 백제사의 어떤 비밀이 드러났을까?

말구유로 쓰였던 보물

현재 국립공주박물관 앞뜰에는 모양이 비슷한 석조石槽 2점이 있다. 석조란, 돌을 깎아 만든 둥글거나 네모난 큰 그릇인데, 절의 중심 건물 앞에 주로 놓이며 물을 담아 연꽃을 키우기도 하여 석련지라고도 불린다. 2점 모두 보물로 지정되어 있으며 원래 대통사 터에 있던 것이다. 찬찬히 살펴보면 이 석조가 왜 보물인지 쉽사리 알아챌 수 있다. 둥근 석조의 표면에는 연꽃 몇 송이가 새겨져 있다. 곳곳이 부서지고 닳았지만 만개한 연꽃잎에서 백제 특유의 '부드러운 곡선미'가 물씬 풍긴다. 단단하기 그지없는 화강암 덩어리를 다듬어 이처럼 생명감 넘치는 작품을 만든 장인의 예술성에 탄성이 절로 난다.

이 2점은 조각 솜씨나 형태로 보면 당초 1쌍이었을 것 같지만 지금은 다른 이름으로 불린다. 그 이유는 일제강점기 때 다른 위치로 옮겨졌기 때문이다. 1940년 석조를 박물관으로 옮길 무렵 1점은

공주 중동 석조. 대통사 터에 있었지만 일제강점기 때 헌병대 마당에서 말구유로 쓰이며
훼손됐다. 국립공주박물관 제공.

본정本町(현 공주 중동)의 공주보통학교 교정에, 다른 1점은 금정錦町
의 공주군청 정원에 있었다. 이 가운데 보통학교의 석조가 1910년
대 초반 먼저 절터를 떠났다. 그 무렵 헌병대 마당으로 옮겨져 말
에게 물을 먹이는 구유로 쓰이게 된 것이다. 그 과정에서 받침돌이
사라졌고 많은 부분이 깨졌다. 몇 년 후 인접해 신축된 보통학교
교정 모퉁이로 옮겨져 방치됐다. 군청 석조는 1930년에 절터를 떠
나 군청 청사 조경용 석조물로 쓰였다.

　1935년 일제는 이 유물 2점을 보물로 지정하면서 군청 석조는
욱정旭町(현 반죽동)에서 옮겨 왔음을 알았기에 '공주 욱정 석조'로,
보통학교 석조는 원래 위치에 대한 자세한 검토 없이 당시 위치를

그대로 살려 '공주 본정 석조'로 이름을 붙였다. 그 시점만 하더라도 이 석조들이 본디 대통사 마당에 있던 석조임을 몰랐기에 그리 이름을 붙였고, 광복 후 우리 정부도 그 이름을 그대로 답습해 '공주 중동 석조', '공주 반죽동 석조'로 부르게 되었다. 이제라도 이 석조들에게 제 이름을 찾아주길 바란다.

신라, 일본까지 확산된 '대통사 스타일'

대통사 터를 공주 반죽동 일대로 특정한 인물은 일본인 가루베 지온이다. 그는 1927년 이래 약 13년간 공주에 거주하면서 수많은 백제 무덤을 불법적으로 도굴하고 출토 유물을 밀반출한 혐의를 받고 있다. 그는 1946년 발간한 자신의 책에서 일제강점기 때 수습한 '대통大通'이란 글자가 새겨진 기와 조각, 절터에 있었던 백제 석조 2점, 절터에 잔존한 통일신라 당간지주(깃발을 걸던 깃대 고정용 돌기둥) 등을 근거로 제시했다.

대통사 터로 지목된 곳은 이미 주택이 빼곡히 들어차 있어 구체적 연구로 나아가기 어려운 여건이었기에 우리 학계는 한동안 그의 주장을 그대로 받아들였다. 그러던 차에 1990년대 초 부여 부소산성에서 '대통'이란 글자가 새겨진 기와가 2점이나 발굴되었고, 1999년에는 이 절터의 당간지주와 그 주변을 발굴한 결과 백제 때의 절터 흔적이 확인되지 않았다. 그에 따라 학계 일각에서

대통사 터에서 발견된 암키와 조각. '大通대통'이 새겨져 있다. 국립공주박물관 제공.

대통사의 위치를 재검토해야 한다는 목소리까지 나왔다.

2011년에 이르러 반전의 계기가 생겼다. 공주시가 이 일대의 경관 개선 프로젝트를 추진하면서 이후 10여 년간 소규모 발굴 조사가 여러 차례 실시됐는데 그 과정에서 '대통', '대통지사大通之寺'란 글자가 새겨진 기와, 연꽃무늬 수막새, 흙으로 빚은 불상 조각 등 중요 유물이 다량 출토됐다. 마침내 대통사의 위치를 둘러싼 논란에 마침표가 찍혔다.

학계에서는 이 절터 기와가 '대통사 스타일'이라 부를 수 있을 정도의 특색을 갖추었고 그것이 사비기 백제뿐만 아니라 신라와 일본 열도로까지 넓게 확산되었다고 한다. 결국 대통사는 당대 동아시아에서 새로운 유행의 출발점이었던 셈이다. 이는 유네스코가 '백제역사유적지구'를 세계유산으로 등재할 때 인정한 "한국과 중국 및 일본 고대 왕국들 사이에 이루어진 상호 교류의 증거"라는 기준에 잘 부합한다. 따라서 대통사 터 발굴은 미지의 백제 절터 하나를 더 찾아내는 수준에 머물지 않으며, 또 하나의 세계유산 후보를 찾는 작업에 다름 아니다.

민가에 파묻힌 백제의 가장 오래된 절터

현재 공주에는 공산성, 무령왕릉과 백제왕릉원 등 2건의 세계유산이 있다. 만약 대통사 터가 세계유산에 더해진다면 궁궐, 능역, 사찰이 결합된 백제 문화의 실체가 더욱 뚜렷해질 것이다. 이처럼 대통사는 웅진기 백제사 해명에 필요한 큼지막한 퍼즐 조각이다. 그러나 이토록 중요한 대통사 터가 지금도 민가 아래에 파묻혀 신음하고 있다. 물론 그곳 주민들의 재산은 보호되어야 마땅하므로 주민들의 이익과 유적 보존이라는 2마리 토끼를 다 잡을 묘안이 찾아지길 바란다. 언젠가는 대통사 가람의 구조가 밝혀지고 복원 정비가 이루어질 것이다. 타의로 절터를 떠났던 석조물들이 원위치로 모여 웅진기 백제 문화의 상징물로 우뚝 설 그날을 기다린다.

성왕이 추진한
왕권 강화 정책의 산물

유독 백제에는 비참한 최후를 맞은 왕이 많다. 그중에서도 성왕의 죽음은 안타까움을 자아낸다. 그는 국가 체제를 정비하고 외교 역량을 발휘하는 등 '영웅군주'로서의 면모를 보였지만, 단 한 번의 판단 착오로 신라군에 사로잡혀 목이 잘렸다. 그 때문에 전륜성왕이 되려던 그의 꿈도 물거품이 됐다.

그는 32년간 재위하며 왕권 강화에 매진했다. 관부官府를 22개로 세분해 관리들의 업무를 명확히 나누었고, 벼슬아치의 위계에 따라 복식의 색깔이나 장식에 차별을 두었다. 그가 추진한 왕권 강화 정책의 산물이라 할 만한 복식품 일부가 곳곳에서 발굴됐다.

지금까지 발굴된 백제의 복식품으로는 관장식, 귀걸이, 허리띠 장식이 있다. 그중 소유자의 지위가 가장 뚜렷이 반영된 것은 관에 부착했던 은꽃 장식, 즉 은화관식이다. 학자들은 이 장식을 두고 '백제 정치사 해명의 결정적 단서'라고 설명하곤 한다. 이 장식에는 백제사의 어떤 스토리가 담겨 있을까?

학계의 주목을 못 받았던 '은제 장식'

1938년 전남 나주 흥덕리에서 터 파기 공사 중 석실묘가 드러나자 주민들이 무덤 속으로 들어가 여러 점의 유물을 들어냈다. 그 가운데 은꽃 장식 하나가 섞여 있었지만 파편이라 오랫동안 학계의 주목을 받지 못했다.

1950년 1월, 충남 부여 하황리 주민들이 구들장으로 쓰려고 석실묘의 뚜껑돌을 들어 올렸는데, 석실 안에 유물이 고스란히 남아 있었다. 달려들어 유물을 끄집어낸 주민들은 순금 유물을 논산 금은방에 고가로 팔아치운 다음 나머지를 경찰에 신고했다. 신고품 가운데 은꽃 장식 하나가 포함되어 있었다. 이 유물은 17년이 지난 뒤 학계에 보고되었는데, 당시만 해도 정확한 용도를 몰라 '은제 장식'으로 소개됐다.

1967년에는 전북 남원 척문리에서 또 하나의 은꽃 장식이 발견

왼쪽부터 전북 익산 미륵사지, 경남 남해 남치리, 충남 논산 육곡리에서 출토된 7세기 은 꽃 장식. 6세기에 비해 문양이 경직돼 있고 꽃봉오리 속에 마름모꼴 구멍이 뚫려 있으며 위쪽이 길쭉하다. 국립문화유산연구원·경남연구원·국립공주박물관 제공.

됐다. 한 주민이 자신의 땅을 개간하던 중 석실묘가 드러나자 호기심에 석실 안으로 들어가 몇 점의 토기와 은꽃 장식을 반출했다. 이듬해 이 유물은 '백제의 관㻏 장식구'로 학계에 간략히 소개됐다.

이렇게 1960년대까지 백제 석실묘에서 3점의 은꽃 장식이 발견됐지만, 어떤 성격의 유물인지는 제대로 밝혀지지 않았다. 1971

년 무령왕릉이 발굴되면서 백제 은꽃 장식에 비로소 조명이 비추었다. 학계에서 무령왕릉 출토 금 관식이 중국 역사책에 백제 왕이 썼다고 기록된 '금꽃'이고, 석실묘 출토 은 관식이 나솔_{奈率} 이상의 백제 관료가 소유했다고 하는 '은꽃'임을 밝힌 것이다.

공설운동장 부지에서 나온 '은꽃'

1990년대에 들어 부여군은 공설운동장 건립을 추진했다. 그러나 옛 도읍에서 운동장 건립 부지를 찾기란 쉽지 않았다. 부여군은 곳곳을 탐색하다가 마침내 능산리 능안골의 한 야산을 대상지로 선정했다. 백제왕릉원에서 동북으로 1.6킬로미터가량 떨어진 곳인데, 지표에서 유적의 흔적이 확인되지 않아 최적지라 여긴 것이다.

1994년 겨울, 공사를 시작하기 전에 진입로를 내게 되었다. 포클레인으로 땅을 조금 걷어내자 석실묘 뚜껑돌이 드러났고 때마침 주변을 둘러보던 당시 국립부여문화재연구소 연구원들의 눈에 띄었다. 공사는 즉각 중단되고 발굴로 이어졌다. 처음에는 많아야 석실묘 2~3기 정도가 묻혀 있을 것이라 생각했지만 무려 60여 기의 석실묘가 확인됐다.

특히 조사단의 눈길을 끈 무덤은 36호분이었다. 머리 부위에서 발견된 삼각형의 철제 뼈대 중간에 은꽃 장식이 가지런히 놓여 있었다. 이 유물이 출토되면서 이 고분군은 갑자기 위상이 높아져

죽은 사람의 관을 꾸며주던 '은꽃 장식'은 백제 시대 나솔 이상의 고위 관료가 소유한, 권위의 표상이었다. 충남 부여 능산리에서 출토된 6세기 은꽃 장식은 무늬가 유려하고 곡선을 이루며 꽃봉오리 속에 타원형 구멍이 뚫려 있는 것이 특징이다. 국립부여문화유산연구소 제공.

'능산리 귀족묘군'으로 불리게 됐다. 발굴이 끝난 후 이 유적에는 보존 조치가 내려졌고 부여 주민들의 소망이던 운동장 건설은 수포로 돌아가는 듯했다. 부여군은 금강 서쪽 나복리에 대체 부지를 확보하고 발굴 조사를 거친 다음 2007년이 되어서야 공설운동장을 준공할 수 있었다.

사비기 백제 고위 관료의 표상

2009년 전북 익산에서 특별한 은꽃 장식 2점이 모습을 드러냈다. 미륵사지 석탑을 해체하는 과정에서 백제 무왕 때인 639년에 봉안된 사리장엄구 일괄품이 발굴되었는데, 그 속에 은꽃 장식이 포함되어 있었다. 사리봉영기舍利奉迎記에 따르면 백제 좌평 사택적덕의 딸인 백제 왕후가 재물을 기부해 가람을 세우고 사리를 모셨다고 하므로 이 장식도 그때 탑 사리공 안에 묻혔음이 분명하다.

은꽃 장식들 가운데 하나는 도안이 복잡하고 다른 하나는 조금 간소하다. 그런데 간소한 것에 수리 흔적이 남아 있어 눈길을 끌었다. 장식의 윗부분이 부러지자 안쪽에 자그마한 은판을 덧댄 다음 표면에서 못을 2개 박아 수리한 것이다. 이 장식은 백제 왕족 혹은 귀족이 소유했을 텐데, 왜 새로 만들지 않고 수리해서 쓴 걸까? 그 이유는 분명치 않으나 백제 사회에서 개인이 사사로이 은꽃 장식을 만들 수 없었기 때문은 아니었을까?

미륵사지 은꽃 장식은 2013년 경남 남해 남치리 1호 석실묘에서 백제 은꽃 장식이 출토되면서 빛을 발했다. 남치리 출토품의 형태가 미륵사지 장식과 매우 유사했던 것이다. 그 때문에 남치리 은꽃 장식에 7세기 전반이라는 연대가 부여됐다. 가야 멸망 후 남해는 줄곧 신라 땅으로 여겨졌는데 남치리에서 7세기 전반의 백제 은꽃 장식이 출토됨에 따라 그곳이 그 무렵 백제로 편입되었음을 알게 되었다.

　지금까지 발굴된 15점의 은꽃 장식 가운데 연대가 가장 이른 것은 전남 나주 송제리 1호 석실묘 출토품으로 성왕 재위연간에 만든 것이다. 은꽃 장식은 왕도인 부여에 집중적으로 분포하는 경향이 뚜렷하며 지방에서는 논산, 보령, 익산, 순창, 남원, 나주, 남해에서 출토되었다. 미륵사지 출토품을 제외하면 도성과 지방의 주요 거점 소재 석실묘에 묻혔다. 은꽃 장식은 은판을 오려 만든 자그마한 관 부속품에 불과하지만, 이 장식에는 사비기 백제 관료의 권위뿐만 아니라 국가 체제의 안정을 희구하며 분주한 삶을 살았을 성왕의 의지와 아이디어가 스며들어 있다.

창왕이 이끈 백제의
'조용한 부흥'

사비기(538~660) 백제 왕 가운데 성왕, 무왕, 의자왕은 잘 알려져 있다. 성왕은 영웅군주로, 무왕은 선화공주와의 러브스토리로, 의자왕은 백제를 패망으로 이끈 인물로 유명하다. 그에 비해 창왕(위덕왕), 혜왕, 법왕은 생소하다. 혜왕과 법왕은 재위기간이 워낙 짧아서 그렇더라도 창왕은 긴 재위기간에 비해 인지도가 낮은 편이다.

창왕에 대한 세상의 관심은 1995년 이래 조금씩 높아졌다. 그해 10월 충남 부여 능산리의 한 절터에서 '백제 창왕'이란 이름이 새겨진 석조사리감이 발굴된 데 이어 2007년 9월 부여 왕흥사지에

부여 능산리사지에서 발견된 석조사리감. 오른쪽에 백제 창왕 13년(567년), 왼쪽에 왕의 누이인 공주가 사리를 공양했다는 내용이 새겨져 있다. 국립부여박물관 제공.

서 '백제 왕 창'이라는 표현이 새겨진 청동사리함이 출토됐기 때문이다. 그간 관심을 받지 못했던 창왕은 이 발굴들을 통해 학계에서 중요 인물로 급부상했다.

44년간 보여준 은둔의 리더십

창왕은 554년 7월 왕위에 올라 598년 12월까지 무려 44년 5개월간이나 왕위에 있었다. 이는 4세기 이후 백제 왕들 가운데 가장 오래 재위한 '역대급' 기록이다. 물론 그가 장수했기에 가능한 일이었지만 선대 왕들이 줄줄이 비명횡사한 것과 극명한 대조를 보인다.

그의 치세를 기록한《삼국사기》백제본기 위덕왕 편을 보면, 그는 오랫동안 왕위에 있었지만 주목할 만한 업적은 드러나지 않는다. 중국 여러 나라와 통교했다는 기록이 전부라고 해도 과언이 아니다. 다만 그의 재위기간은 가야 여러 나라가 차례로 신라에 병합당하고 신라의 기세가 하늘을 찌르던 시절이었다. 그럼에도 국가적 위기 없이 평화로운 시대를 이끈 것은 역사에 기록되지 않은 그의 업적이라 할 만하다.

그가 이처럼 은둔의 리더십을 구사할 수밖에 없었던 이유는 따로 있다. 젊은 시절 그의 패기가 빚은 참극에 기인한다. 때는 551년으로 거슬러 올라간다. 당시 태자였던 창왕 여창餘昌은 부왕인 성왕을 대신해 전장을 누볐고, 빼앗긴 땅을 되찾으려 신라·가야와 연합해 고구려를 공격했다. 전쟁에서 이겨 숙원을 풀었으나 신라를 끌어들인 점이 불씨로 남았다.

'관산성 비극'의 주역

한강 상류 요충지를 장악한 신라는 2년 후 한강 하류의 백제 땅으로 진출했다. 믿었던 우방에게 발등을 찍히자 성왕은 분노했다. 대신들이 전쟁에 반대하자 여창은 "늙었구려. 어찌 겁내시오!"라며 반대를 물리치고 대군을 몰아 충북 옥천의 관산성으로 향했다.

처음에는 백제군이 승기를 잡았으나 신라의 지원군이 가세하면서 전세가 역전됐다. 태자가 고전한다는 급보에 성왕은 군사 50여 명을 대동한 채 전장으로 향하다 신라군에 사로잡혀 참수됐고, 시신 가운데 머리는 신라의 궁궐 계단 아래에 묻혀 뭇사람에게 밟히는 치욕을 당했다. 이 패전으로 백제는 최고위 관등인 좌평 4명과 3만 명에 가까운 장졸을 잃었다.

관산성 패전은 백제에게 뼈아픈 사건이다. 강국으로 도약하려던 백제의 꿈이 수포가 됐기에 이 전투를 '관산성의 비극'이라 할 만하다. 이후 신라와 백제 사이의 균형추는 급격히 신라로 기울었다. 가까스로 살아남은 여창은 부왕을 죽음에 이르게 한 죄책감에 시달렸다. 그는 출가를 결심하기도 했지만 결국 왕위를 계승했다. 그러나 그는 전면에 모습을 드러내지 않고 오랫동안 은둔의 세월을 보냈으며 불법佛法에 의지해 정치를 펼쳤다.

'창왕'명 사리감이 발굴된 능산리의 사찰 역시 그의 정치적 무대였을 것이다. 그의 누이가 567년에 사리를 공양했다고 하나 사찰을 만들 때 왕이 깊숙이 관여했을 공산이 크다. 국립부여박물관이 이 절터의 목탑 터를 발굴해 큰 성과를 냈지만 발굴 오래전에 이미 도굴의 피해를 입었다는 점이 아쉬웠다.

1400여 년 동안 밀봉된 사비기 백제 유물

그 아쉬움은 몇 년이 채 지나지 않아 해소됐다. 완벽하게 보존된 사리기와 공양품이 왕흥사지에서 발굴된 것이다. 국립부여문화재연구소는 왕흥사지의 성격을 밝히고자 2000년부터 연차 발굴에 착수했다. 8차 발굴에서 목탑 터 하부를 조사하다 널찍한 초석을 발견했는데, 그 한쪽에 자그마한 뚜껑돌 하나가 놓여 있었다.

조사원들은 그 아래에 중요한 유물이 들어 있을 것으로 예상하고 주의를 기울였다. 조심스레 뚜껑돌을 들어 올리니 예상이 적중했다. 정육면체 모양의 공간에 청동합 하나가 놓여 있었다. 수습해 뚜껑을 여니 그 안에 다시 뚜껑을 갖춘 은제 사리호가 들어 있었고 그 뚜껑을 여니 다시 더 작은 금제 사리병이 들어 있었다. 조사원들은 그 속에 불佛사리가 모셔져 있을 것으로 예상하고 연구실로 옮겨 조심스레 뚜껑을 열었지만 사리는 없었다.

청동제 사리합의 표면에 "정유년인 577년 2월 15일에 백제 왕 창이 세상을 뜬 왕자를 위하여 탑을 세웠다. 본디 사리가 2매였는데 묻으려 하니 신의 조화로 3매가 되었다"는 기록이 빼곡히 새겨

부여 왕흥사지에서 출토된 사리기. ①은 높이 10.3센티미터의 청동제 사리합으로 백제
왕 창이 세상을 뜬 왕자를 위해 절을 세웠다는 기록이 새겨져 있다. 이 안에 높이 6.8센티
미터의 은제 사리호 ②가, 그 안에 높이 4.6센티미터의 금제 사리병 ③이 겹겹이 들어 있
었다. 사리병 안에는 물이 가득 차 있었고 사리는 들어 있지 않았다. 국가유산청 제공.

저 있었다.

목탑의 기둥받침돌인 심초석 주변에서는 사리봉영의식을 거행
하던 날 참석자들이 공양한 귀중품 1만여 점이 고스란히 발견됐
다. 고위 관료의 전유물이던 관과 허리띠 부품을 비롯해 화려한 장
신구류, 금실 무더기, 중국에서 들여온 동전과 옥제 장식품 등 다
양했다. 왕자의 명복과 국가의 안녕을 빌며 묻은 타임캡슐이 고고
학자들에 의해 개봉된 것이다.

두 차례의 발굴에서 창왕과 그 시대에 대한 중요 자료가 드러났다. 창왕이 왕도 여러 곳에 절을 짓고 망자들의 영혼을 위로했을 뿐만 아니라 그곳을 정치 무대로 활용했음을 알게 된 것이다. 우리가 알 수 있는 것은 빙산의 일각에 불과하겠지만 왕흥사지 목탑 터에서 발견된 유물은 무령왕릉 출토품과 마찬가지로 언제, 누가, 왜 묻은 것인지 알 수 있는 중요한 자료이며 그간 미지의 영역이었던 사비기 백제 사회와 문화의 한 단면을 고스란히 보여주는 자료로서 가치가 크다. 그에 대한 정치한 연구를 통해 미스터리로 남아 있는 창왕과 그의 시대가 새롭게 조명되길 기대한다.

봉황과 용, 신선이 어우러진
백제 예술의 극치

우리나라의 국보 359건(2024년 11월 기준) 중 백제 유물은 24건에 불과하며, 그중 12건이 무령왕릉 출토품이다. 백제 700년 역사와 탁월한 문화 수준을 생각한다면 백제 전 시기의 문화를 상징적으로 보여주는 국보가 이토록 적다는 점은 매우 의아하다. 그럼에도 불구하고 군계일학과도 같은 존재가 아쉬움을 달래주는데 바로 백제 금동대향로이다.

이 향로는 1993년 발굴된 이래 백제 문화의 정수라는 평가를 한 몸에 받고 있지만 중국이나 일본 학계에서는 지금도 여전히 이 향

백제 금동대향로(높이 61.8센티미터). 백제 창왕 때 제작된 것으로 추정되며, 탁월한 조형미를 인정받아 백제 예술의 정수로 꼽힌다. 국립부여박물관 제공.

로를 중국에서 들여온 수입품으로 보는 견해가 적지 않다. 이 향로는 어떤 과정을 거쳐 우리에게 다가왔고, 백제사의 어떤 비밀이 담겨 있을까?

주차장을 만들려다 찾은 백제 보물

충남 부여군 능산리에는 부여 왕릉원이 있다. 백제 도성을 감싼 나성 밖에 있는 그곳에 주인공을 특정하지 못한 여러 기의 왕릉급 무덤이 분포한다. 1990년대 초 정부가 추진하던 '중서부 고도 개발 계획'의 일환으로 나성과 왕릉원 사이의 계단식 논에 주차장을 만들기로 했는데, 그곳에 유적이 분포하는지 확인할 필요가 있다는 의견에 따라 1992년 예비 조사를 벌였고 유적의 존재가 확인됐다.

1993년 10월, 두 달 정도면 유적의 성격을 밝힐 수 있으리라 예상하고 발굴에 착수했으나 조사가 만만치 않았다. 골짜기 위에서 흘러내리는 물에 더해 논바닥 아래 고여 있던 물이 솟아나면서 발굴 현장은 물구덩이로 변하기 일쑤였다. 12월에 들어섰는데도 겨우 3동의 건물 터 윤곽만 조사할 수 있었다.

그런데 12월 12일, 그간의 '부진'을 털어내는 위대한 발견이 일어났다. 나중에 공방 터로 밝혀진 건물 터 내 자그마한 구덩이 안에서 백제 최고의 보물이 발견된 것이다. 오후 4시 무렵 향로 뚜껑과 받침 일부가 모습을 드러냈다. 짧은 겨울 해가 이미 서산에 걸려 있어 조사를 중단할까 잠시 고민했지만 혹시라도 밤에 누군가가 유물을 도굴할 수도 있다는 우려에 조사를 이어가기로 했다. 조사를 마치고 향로를 구덩이 밖으로 들어낸 것은 오후 9시가 다 되어서였다.

용이 떠받치고 있는 이상의 세계

조사를 담당한 부여박물관 측은 발굴 사실을 비밀에 부치고 보존 처리를 진행하는 한편 향로의 연대와 성격 해명을 위한 기초 연구를 진행했다. 12월 22일, 문화체육부 장관이 직접 부여박물관으로 내려와 긴급회의를 주재했는데, 그 사실이 외부에 알려지면서 이튿날 "1400년 전 백제 금동향로 출토", "진흙에서 건진 백제 예술혼" 등의 제목 아래 향로 발굴 사실이 언론에 대서특필됐다.

이 향로는 높이 61.8센티미터, 무게 11.8킬로그램으로 큼지막하고, 여러 문양이 완벽한 구도를 이루며 배치돼 있어 보는 이의 감탄을 자아낸다. 맨 꼭대기에는 두 날개를 활짝 펴고 가슴을 앞으로 쭉 내민 봉황이, 그 아래에는 옷을 단정하게 갖춰 입고 악기를 연주하는 악사 5명이 있다. 뚜껑에는 산봉우리가 74개 솟아 있고 산봉우리와 골짜기에는 신선 17명, 동물이 42마리 있다. 향로 몸체의 연꽃 꽃잎에는 동물 27마리, 신선 2명이 있고 그 사이로 새가 날고 있다. 맨 아래에는 용 1마리가 목을 꼿꼿하게 세우고 향로를

1937년 부여에서 발굴된 산수무늬 전돌(길이 29.5센티미터). 연속적으로 이어진 산봉우리가 금동대향로의 산봉우리 모습과 유사하다. 국립중앙박물관 제공.

떠받치고 있는데 마치 살아 있는 듯 생생하다.

이 향로는 1994년 4월 18일부터 2주간 국립중앙박물관 특별전시실에서 일반에 공개됐는데, 시민들의 관심이 뜨거웠다. 전시 팸플릿과 포스터가 순식간에 동났고, 심지어 전시실 입구에 붙은 포스터를 관람객이 떼어 가져가는 일까지 벌어졌다.

금동대향로가 품은 백제사의 비밀

1994년 4월부터 7월까지 향로 발굴 유적에 대한 추가 조사가 진행돼 강당 터가 드러났다. 이듬해 5월부터 10월까지 실시한 조사에서는 중문 터, 목탑 터, 금당 터가 차례로 드러났다. 특히 목탑 터에서는 탑 중앙에 세워졌던 기둥 조각과 함께 불사리가 봉안되었던 석제 사리감이 발견됐다. 사리기는 도굴되어 남아 있지 않았으나 사리감에는 향로 탄생의 비밀을 풀 수 있는 글귀가 새겨져 있었다.

"백제 창왕 13년에 왕의 누이인 공주께서 사리를 공양하였다"는 놀라운 내용이었다. 이 글귀는 창왕, 즉 위덕왕이 누이와 함께 관산성 전투에서 비명횡사한 아버지 성왕의 명복을 빌기 위해 이 절을 세웠음을 밝히는 결정적 단서가 되었다. '능산리고분군 건물 터'라 불리던 이 절터는 이후 '능산리 절터' 혹은 '능사陵寺 터'라는 새로운 이름을 얻었다.

그 무렵 금동대향로가 성왕의 넋을 기리는 의식용으로 특별 제작됐다고 보는 견해가 나와 지금까지 통설의 지위를 확보하고 있다. 다만, 중국과 일본 학계에서는 이 향로를 중국산으로 보는 견해가 많다. 우리 학계에서는 중국의 6~7세기 향로 가운데 백제 금동대향로처럼 크고 정교한 사례가 없다는 점, 백제산이 분명한 무령왕릉 동탁은잔과 부여 외리 문양전에서 금동대향로와 유사한

무령왕릉에서 출토된 동제 받침 갖춘 은잔(높이 15센티미터). 용과 봉황, 산봉우리 등이 정밀하게 새겨진 이 작품은 금동대향로 이전에 제작된 것으로 당시 백제의 기술력을 보여준다. 국립공주박물관 제공.

디자인 요소가 보인다는 점을 강조하며 금동대향로가 백제산임을 주장하고 있다. 2022년에는 중국의 한 연구자가 우리 학계의 주장을 그대로 수용해 금동대향로가 백제 문화의 개방성과 우수성을 보여주는 작품이라고 해석해 눈길을 끌었다.

금동대향로가 수조 터에서 발견된 이유에 대해서는 향로가 망가져 수리하려다가 사정이 생겨 그대로 묻었다고 보거나 660년 백제가 패망의 위기를 맞자 나라의 보물이던 이 향로를 땅속 깊은 곳에 숨겼을 것으로 보기도 하는데, 후자가 더 많은 지지를 받고 있다.

금동대향로가 발굴된 지도 30년이 넘었다. 지금까지 많은 연구가 이루어졌으나 아직도 연구의 진척이 더딘 편이며 여전히 수많은 수수께끼가 금동대향로를 감싸고 있는 듯하다. 더 다양한 관점과 더 정치한 연구를 통해 금동대향로가 품고 있는 백제사의 비밀이 차례로 해명되길 바란다.

선화공주 흔적을 지운 사리봉영기

2009년 국립문화재연구소의 익산 미륵사지 석탑 발굴은 21세기 최고의 발굴로 손꼽힌다. 석탑 해체 과정에서 불사리, 사리기, 공양품 등 1만여 점의 유물이 봉안 당시 모습을 간직한 채 발견됐다. 압권은 '사리봉영기'라 이름 붙인 금판이다. 앞뒷면 빼곡히 글자가 새겨졌는데, 백제 무왕의 왕비 사택왕후가 발원하여 절을 세우고 불사리를 모셨다는 내용이었다.

사리봉영 의식의 자초지종을 기록한 금제 사리봉영기. 불사 발원자를 '백세 왕후이신 좌평 사택적덕의 따님'으로 기록했다. 국가유산청 제공.

'시멘트 뒤범벅'이었던 미륵사지 석탑

미륵사지 석탑은 오랫동안 또다른 백제 석탑인 부여 정림사지 5층 석탑에 비해 규모가 큰 현존 최고最古의 백제 건축물로 큰 관심을 받았다. 하지만 1990년대 후반까지 이 석탑의 아름다움을 살피려 현지를 찾은 시민들은 한결같이 안타까운 탄식을 쏟아냈다. 석탑 의 절반 이상이 콘크리트로 뒤덮여 '대한민국 국보'의 위상에 전혀 어울리지 않았기 때문이다. 1915년 조선총독부가 석탑의 붕괴를 막는다는 명분으로 콘크리트로 복원한 것이 80년 이상 그대로 방치된 것이다.

문화재위원회는 1999년 이 석탑을 해체 복원하기로 결정했다. 콘크리트를 제거하고 석재의 원래 위치를 찾아내 복원하겠다는 것이다. 막상 작업을 시작하고 나니 어려움이 한둘이 아니었다. 탑부재의 원위치를 찾기가 어려웠고, 석재가 약해 원위치에 끼워 넣을 경우 부서질 수 있다는 연구 결과가 나왔다. 복원 공사는 차일피일 늦어졌고 정체불명의 투서로 수사당국이 압수수색을 벌이는 등 분위기가 어수선했다.

돌기둥 속의 '불사리'

석탑 복원 사업을 시작한 지 만 10년에 이르던 2009년 1월 14일, 수많은 논란을 일거에 잠재우는 중요한 발견이 일어났다. 조사단은 며칠 전 석탑 바닥면 중앙에 세워진 네모난 돌기둥(탑 중심에 세운 기둥. 심주心柱)에 레이저 물리탐사를 하다가 동공洞空의 흔적을 확인했다. 조사원들 사이에서는 이 동공이 혹시 사리공일지도 모른다는 기대감이 생겨났다.

1월 14일 오후 3시. 조사단은 2조각으로 구분돼 있는 돌기둥 윗부분을 크레인으로 들어 올렸다. 고고학, 미술사, 보존과학 전문가들이 함께 그 장면을 지켜보고 있었다. 조사원들의 회고에 따르면 돌을 들어 올리는 순간 번쩍 빛이 났다고 한다. 사리공 속에 순금으로 만든 유물이 가득 채워져 있었기 때문이다. 모두가 환호성을 올렸지만 곧이어 어떻게 유물을 수습해야 할지 걱정이 생겼다. 무령왕릉 발굴 실패 사례를 복기하면서 발굴 사실이 외부로 새어 나가지 않도록 철저히 보안을 유지하며 유물 수습에 나섰다. 발굴 과정에 대한 사진, 영상 촬영은 말할 것도 없고 모든 자료를 3차원(3D) 자료로 남겼다.

어느 것 하나 놀랍지 않은 것이 없었으나 특히 조사원들의 눈길을 사로잡은 것은 사리봉영기였다. 봉영기 내용을 차례로 읽어 내려가던 한 조사원은 빼곡히 새겨진 글귀 가운데 "우리 백제의 왕후께서는 좌평 사택적덕의 따님", "재물을 희사하여 가람을 세우고"라는 표현에 숨이 멎을 듯 흥분이 밀려들었다고 한다. 금판을 수습해 뒷면을 보니 '대왕폐하'라는 네 글자가 선명했다. 대왕은 바로 백제 무왕이었다. 기해년(639년) 정월 29일에 사리를 받들어 모셨다는 내용도 있었다.

발굴은 쉽지 않았다. 네모난 사리공의 한 변 길이가 25센티미터, 깊이가 26.5센티미터에 불과한데 그 속에 유물이 가득 채워져 있었던 것이다. 게다가 각종 직물이 있어 여간 까다롭지 않았다. 모든 유물을 수습하고 시간을 확인하니 이튿날 오후 9시. 유물 수습에 꼬박 30시간이나 걸렸다. 사리공에서 나온 유물은 무려 9947점에 달했다. 이 일괄품은 2018년에 보물로 지정되었다.

'감쪽같이 사라진' 선화공주

학계는 발굴 성과에 반색하는 한편 딜레마에 빠졌다. 석탑 사리공 속 유물은 639년 1월 29일에 마치 타임캡슐을 묻듯 밀봉되었다가 1370년 만에 개봉되었다. 석가탑이나 분황사 탑 등 신라 석탑에서 발굴된 사리장엄구 가운데는 후대에 공양품을 추가로 매납한 사례가 있지만 미륵사지 석탑은 당초의 모습 그대로 전격 공개된 것이다.

고고학자나 미술사학자들은 7세기 백제 유물의 연대를 설정할 수 있는 기준 자료가 출현했다며 흥분했다. 7세기 백제 유물이 많이 출토되기는 해도 언제쯤, 누가 그 유물을 만든 것인지 알 수 있는 사례는 거의 없었다. 그러니 미륵사지 사리공 속 유물은 학자들에게 넝쿨째 굴러 들어온 호박이나 다름없었다. 1971년 무령왕릉 속에서 6세기 초 유물이 무더기로 쏟아져 나온 것에 비견되는 일이었다.

그러나 백제사를 전공한 학자들은 또다른 고민에 빠질 수밖에 없었다. 그간 《삼국유사》 기록을 신뢰하면서 무왕의 왕비가 신라 진평왕의 딸인 '선화공주'일 것으로 여겨왔는데, 미륵사지 석탑 출토 사리봉영기에는 무왕의 왕비가 백제 유력 가문 출신인 사택왕후로 기록돼 있었다. 이 발굴로 선화공주가 가공의 인물이라는 주장이 많아졌다. 하지만 무왕에게 부인이 여러 명 있었을 것이라는

불사리가 들어 있던 금동제 사리외호. 이 안에 금제 내호가, 또 그 속에 유리병이 들어 있는 3겹의 구조였다. 국가유산청 제공.

반론도 만만치 않다. 2019년에는 선화공주의 흔적을 찾기 위해 익산 쌍릉 가운데 소왕묘를 발굴했지만 결정적 단서를 확인하지는 못했다.

미륵사지 석탑에서 사리봉영기가 2009년에 처음 발굴되었을 때만 해도 머지않아 7세기 백제사와 백제 문화가 다 드러날 것이라 기대했다. 그로부터 상당한 세월이 흘렀지만 연구의 진전은 여전히 더디다. 그 이유 가운데 하나는 '선화공주'에 대한 과도한 관심과 집착이 아닐까 한다. 구체적인 연구가 쌓여 사리공 속에 봉인된 백제사의 실타래가 풀릴 그날을 기다린다.

백제사 최고의 미스터리, 익산 천도론

— 왕궁리 유적 외 —

무왕은 31명의 백제 왕 가운데 가장 미스터리한 인물이다. 김부식은《삼국사기》에 무왕이 선왕인 법왕의 아들이라고 기록했지만, 무왕을 조선의 '강화도령' 철종처럼 초야에 묻혀 살던 방계 왕족으로 보는 학자가 많다.《삼국유사》에는 그에 관한 흥미로운 기록이 실려 있다. 그는 과부 어머니와 연못의 용 사이에서 태어나 어릴 때 마를 캐며 살았고, 지략을 발휘해 신라 진평왕의 딸 선화공주와 결혼한 후 인심을 얻어 백제의 왕이 되었다는 스토리다.

그는 600년부터 641년까지 장기간 왕위에 있었지만 사비도성 일원에서 그의 흔적을 찾기는 쉽지 않다. 오히려 익산에 그와 관련한 전승과 유적이 남아 있고 일부 문헌에는 그가 익산으로 도읍을 옮겼다는 기록이 실려 있다. 근래까지 그러한 기록을 뒷받침해주는 발굴 성과가 조금씩 쌓여 어느새 무왕의 익산 천도설이 힘을 받는 모양새다. 무왕은 과연 익산으로 도읍을 옮겼을까?

일본 교토 사찰에서 발견된 실마리

1970년 일본에서 백제사 관련 중요 기록 하나가 공개됐다. 교토의 한 사찰에 소장된 고서 《관세음응험기》에 실린 다음과 같은 내용이었다. "백제 무강왕이 지모밀지로 천도했다. 639년 번개가 쳐 제석정사가 불탔다. 탑 아래의 여러 보물 중 불사리가 든 병과 금강경을 담은 목칠함은 타지 않고 남아 있었다."

1970년대 후반부터 이 기록을 활용한 연구가 본격화했고 학자들은 무강왕을 무왕, 지모밀지를 익산으로 추정하면서 익산 천도설을 주장했다. 반면 이 기록의 신빙성에 의문을 품는 견해도 나왔다. 불사리의 영험함을 보여주려고 과장해 서술한 것이므로 사료로 활용하기 어렵다는 논리이다.

그런데 이 기록의 신뢰도를 높여주는 유적이 2003년에 모습을 드러냈다. 원광대박물관이 제석사지 북쪽에서 639년 제석사 화재 때 불탄 기와, 벽체, 소조불상 조각들의 폐기장을 확인한 것이다. 1965년 발견된 왕궁리 5층석탑 속 사리기와 금강경판이 《관세음응험기》에 묘사된 것과 비슷하다는 점에 주목하는 연구도 같은 해에 나왔다. 즉, 원래 제석사 목탑에 안치되었던 사리기와 금강경판이 화재 이후 왕궁리 5층석탑에 다시 봉안되었을 것이라는 주장이다.

왕궁리 5층석탑 주변에서 확인된 백제 왕궁 터

국립부여문화재연구소는 1989년부터 왕궁리 5층석탑 주변 발굴에 나섰다. 처음에는 사찰의 규모와 성격 등을 확인하는 정도에서 그칠 예정이었지만, 탑 남쪽에서 정전正殿 성격의 대형 건물지가 확인되는 등 왕궁의 면모가 드러나면서 전면 조사를 통해 왕성의 구조를 확인하는 쪽으로 조사의 방향이 틀어졌고 30여 년이 지난 지금도 발굴이 계속되고 있다.

그 사이 남북으로 492미터, 동서로 234미터에 달하는 네모난 공간에 정연한 담장을 돌리고 그 안에 다양한 건축물을 배치한 백제 궁궐터가 차례로 속살을 드러냈다. 남쪽 구역에서는 건물 터들이, 북쪽 구역에서는 자연미를 갖춘 후원이 조사됐다. 후원의 서쪽 낮은 공간에서는 귀금속공방터와 대형 화장실 흔적이 확인됐다.

초기부터 유적지 곳곳에서 범상치 않은 유물이 쏟아졌다. '상부을와上部乙瓦', '하부을와下部乙瓦', '수부首府' 등 명문이 새겨진 기와가 출토된 깃이다. 득히 '수부'명 기와는 사비도성 이외에서는 출토되지 않는 것으로, 수부란 왕이 거처하는 수도를 의미한다는 점에서 눈길을 끌었다. 그간의 발굴을 통해 먼저 백제의 왕성이 건축되었고 그 이후 일부가 절로 바뀌었음을 알게 되었다. 발굴 결과만 놓고 보면 이 유적을 백제의 왕궁으로 보는 데는 어려움이 없다.

백제 무왕의 '익산 천도설'은 관련 주장을 뒷받침하는 유물들이 발굴되면서 힘을 받고 있다. 전북 익산 왕궁리 5층석탑 인근에서 출토된 기와. '왕이 거처하는 수도'라는 뜻의 '首府수부'가 적혀 있어 옛 왕궁 터 가능성을 높였다. 국립부여문화유산연구소 제공.

소왕릉의 주인은 선화공주?

1917년 조선총독부 직원들은 박물관 전시품 확보를 명분으로 백제 고분 발굴에 나섰다. 발굴 대상에 익산 쌍릉이 포함됐다. 쌍릉은 무왕 부부의 능으로 고려 충숙왕 때 도굴을 당했다는 옛 기록이 있기 때문이다. 대왕릉에서는 보존 상태가 양호한 목관과 함께 옥으로 만든 허리띠장식, 반쯤 부서진 토기 등이 출토됐지만 소왕릉에는 목관 장식품 몇 점만이 남아 있었다. 이후 오랫동안 대왕릉은 왕, 소왕릉은 왕비의 무덤으로 여겨졌다.

2009년 1월, 미륵사지에서 긴급 뉴스가 타전됐다. 석탑 해체 과정에서 사리공이 발견되었고 그곳에서 나온 〈사리봉영기〉에 무왕의 왕비가 '백제 좌평 사택적덕의 딸'이라는 글귀가 새겨져 있다는 내용이었다. 이 소식은 선화공주의 실존 여부를 둘러싼 논쟁을 촉발했다.

이러한 논쟁은 2015년 국립전주박물관이 간행한 《쌍릉 발굴보고서》로 격화됐다. 박물관 연구원들은 대왕릉에서 수습된 치아 4점이 20, 30대 여성의 것이라는 전문가의 의견을 참고하는 한편, 출토된 토기를 신라계로 보면서 무덤 주인공이 선화공주일 가능성을 강하게 시사했다. 관련 내용이 언론에 연이어 보도되면서 사회적 관심이 고조되자 정부 당국은 쌍릉 재발굴을 결정했다.

2018년 원광대 마한백제문화연구소 연구원들이 대왕릉의 무덤

전북 익산 쌍릉 중 대왕릉에서 출토된 금송으로 만든 목관의 복원품(길이 2.55미터). 백제 왕족이 일본산 금송을 선호한 데다 '무왕 부부의 능'이라는 기록이 전해져 무왕이 주인으로 추정된다.

방 입구를 다시 열었을 때 그 속에 나무상자 하나가 놓여 있었다. 뚜껑을 여니 인골 편이 가득 들어 있었는데, 일본인들이 발굴한 다음 인골을 별도로 모아둔 것으로 보인다. 국립문화재연구소는 법의학자들과 공동 연구를 진행한 다음 "뼈의 주인공은 신장이 최대 170.1센티미터, 7세기 초중반의 어느 시점에 세상을 뜬 60, 70대 남성이며, 무왕일 가능성이 있다"는 결과를 내놓았다. 이후 대왕릉에 묻힌 인물이 무왕일 것으로 보는 견해가 대세를 이루게 되었다.

이처럼 익산에는 무왕과 관련한 전승과 유적이 존재한다. 왕궁, 왕실사찰, 왕릉이 모두 확인되었으므로 익산에 새로운 왕도가 건설되었을 공산이 크다. 다만 아직 왕궁 주변의 도로망, 백성들의 거주 구역 등이 제대로 발굴된 바 없어 새로운 왕도가 어느 정도의 범위에 어떤 모습으로 세워져 기능했는지는 알 수 없다. 체계적 발

익산 쌍릉 중 소왕릉에서 출토된 목관 뚜껑 장식(너비 7.1센티미터). 백제 왕족 특유의 목
관 장식품이다. 국립전주박물관 제공.

굴과 연구가 계속되어 백제사 최고의 미스터리, '익산 천도' 논의
가 큰 진전을 이루길 바란다.

패망한 백제를 그리며
돌에 새긴 불상

불비상

660년 7월 백제 사비성은 화염에 휩싸였다. 최후의 보루로 여겼던 계백 장군의 5천 결사대마저 황산벌에서 패배했다. 나당연합군의 협공에 백제는 나라의 역량을 제대로 펼치지 못한 채 우왕좌왕하다가 며칠 만에 항복하고 말았다.

늘 수준 높은 문화 강국을 자부하던 백제의 최후는 이처럼 너무나 허망했다. 백제 백성들은 나라를 되살리려 부흥 운동에 나섰지만 대세를 되돌릴 수는 없었다. 그들은 신라 백성으로 살아야만 하는 현실을 인정하면서도 오랫동안 백제를 잊지 못했다. 옛 백제 땅에 남겨진 몇 점의 석조물에는 백제 패망의 역사가 생생히 새겨져 있다.

당나라군에 훼손된 백제 정림사 석탑

7월 12일 침략군이 사비성을 에워싸자 이튿날 의자왕은 밤을 틈타 웅진성으로 도주했다가 닷새 만에 항복했다. 사비성과 그 일원에 가득한 점령군은 마음껏 백제를 약탈했다. 궁궐 내 전각과 창고는 말할 것도 없고 약탈의 손길은 왕릉과 사찰로 번져나갔다.

1992년에 우연히 발굴된 충남 부여 능산리의 한 절터에서는 건물이 불타면서 지붕의 기왓장들이 폭삭 내려앉은 모습으로 드러났다. 목탑 터를 발굴하는 과정에서는 도끼날에 수없이 찍혀 절단된 목탑 중심 기둥과 함께, 약탈된 불사리장엄구를 봉안했던 석제 사리감이 발견되었다.

이 절의 이름은 전해지지 않으나 창왕이 부왕인 성왕의 명복을 빌며 창건한 것이 분명하다. 약탈된 이 절터를 발굴하는 과정에서 놀라운 유물이 발견됐다. 금당 터 뒤쪽 자그마한 구덩이 속에서 다급히 묻은 것으로 보이는 백제금동대향로가 출토된 것이다. 아마도 절의 스님들이 절체절명의 순간에 최고의 보물을 땅속에 숨긴 것으로 보인다.

당나라 군대의 만행은 거기서 그치지 않았다. 소정방은 '대당평

충남 부여 정림사지 5층석탑에는 나당 연합군의 대총관이었던 당나라 장군 소정방의 지시로 새겨진 '대당평백제국(당나라가 백제를 평정하다)'으로 시작하는 기공문이 남아 있다.

백제국大唐平百濟國'으로 시작하는 자신의 기공문記功文을 8월 15일자로 작성해 백제 핵심 사찰 정림사의 석탑 1층 몸돌에 새기도록 명했다. 마치 신라의 황룡사처럼 백제인들이 성소聖所로 여기며 나라와 자신들의 안녕을 빌었던 정림사 석탑을 무자비하게 훼손한 것이다.

정복지에 비석 형태로 자신의 기공을 세우는 경우는 많지만 이처럼 많은 사람들의 존숭을 받던 성소에 개인의 기공을 새긴 사례는 매우 드물다. 같은 내용의 기공문이 원래 부소산 자락에 있다가 현재 국립부여박물관으로 옮겨진 석조石槽에도 새겨져 있다.

폐위된 왕을 위해 비석을 세운 백제 유민들

사비성이 함락되고 의자왕이 항복했지만 백제 백성들은 쉽사리 나라를 내어주려 하지 않았다. 그들은 저마다 병장기를 부여잡고 부흥 운동에 나섰다. 백제부흥군의 초반 위세는 실로 대단했으나 예봉이 차츰 꺾이면서 결국 백제를 되살리려는 꿈은 실패로 돌아갔다. 그러나 백제 유민들의 마음속에는 여전히 '백제'가 굳건히 자리하고 있었다. 그러한 충정을 보여주는 석조 유물 몇 점이 남아 있다.

1960년 여름의 일이다. 동국대 황수영 교수는 방학을 맞아 충남 연기군(현 세종시) 본가로 돌아가는 불교대 학생에게 한 가지 부탁

충남 연기군(현 세종시) 비암사에 봉안 중이던 계유명 전씨 아미타불비상(왼쪽)과 비암사에서 멀지 않은 암자에 보관돼 있던 계유명 삼존 천불비상. 이들 불상이 제작된 시기는 계유년인 673년이다. 신라가 백제를 멸망시킨 뒤, 멸망한 백제의 국왕과 대신 등을 위해 백제 유민들이 만든 것이다. 국립청주박물관·국립공주박물관 제공.

을 했다. 비암사라는 절 뜰에 가면 돌에 새긴 특이한 불상이 있을 테니 직접 가서 세부 정보를 확인해달라는 청이었다. 방학이 끝난 다음 학생이 건넨 탁본을 보는 순간 황 교수는 전율했다. 여러 면에 크고 작은 불상이 빼곡히 조각되어 있고 불상 주위에 마치 비석처럼 불상을 조성하게 된 시점과 연유, 그리고 참여자의 관등과 이름 등이 새겨져 있었기 때문이다.

며칠 후 황 교수가 비암사를 직접 찾아가 조사했고, 이 내용을 토대로 이 불비상들은 국보로 지정되었다. 이듬해 여름까지 비암사에서 멀지 않은 서광암, 연화사, 민가에서 4기의 불비상이 더 확인되었고 후속 연구에서 이 일군의 불비상은 백제 멸망 후 연기 지역 백제 유민들이 조성한 것으로 밝혀졌다.

그 가운데 계유명 전씨 아미타불비상은 비암사에 봉안 중이던 3구의 불비상 가운데 하나인데, 여기에는 계유년인 673년에 전씨全氏 등이 국왕, 대신, 칠세부모七世父母, 중생을 위해 절을 짓고 불상을 조성한다는 내용이 기록되어 있다. 백제의 관등인 달솔達率과 함께 신라 관등인 내말乃末, 대사大舍 등의 관등명이 함께 확인된다.

계유명 삼존 천불비상은 비암사에서 멀지 않은 암자에 봉안되어 있었는데, 정면에 삼존불이 조각되었고 전면에 걸쳐 900구 이상의 작은 불상이 빼곡히 새겨져 있다. 삼존불의 좌우에 남겨진 여백에는 계유년에 진모씨眞牟氏 등 250여 명이 국왕, 대신, 칠세부모 등을 위해 이 불상을 만들었다는 내용이 새겨져 있다.

이 2구의 불비상이 만들어진 때는 백제 부흥 운동이 끝난 지 10여 년이나 흐른 시점이다. 그때에 이르러 연기 지역의 불교 신도 다수가 발원하여 이미 멸망한 백제의 국왕과 대신, 그리고 조상을 위해 이 불비상을 만든 것이다. 이미 신라의 지방민으로 편제되었지만 그들은 백제를 잊지 않고 있었던 것이다.

끝내 신라 사람이 되지 못한 백제 유민

삼한일통을 이룬 신라의 당면 과제는 고구려, 백제 등 패망국 백성들을 위무하여 나라의 토대를 단단하게 만드는 일이었다. 전국을 9개의 주州로 나누면서 옛 백제 땅에도 3개의 주를 설치했고 백제 유민들에게도 관등을 부여했다.

그런 정책에도 불구하고 백제 유민들은 온전히 신라의 백성으로 스며들지 못한 것 같다. 신라의 힘이 약해졌을 때 그러한 의식이 폭발하여 후백제를 탄생시키거나 신라가 멸망한 후 옛 백제 땅에 정림사 석탑을 모방한 탑이 다수 세워진 점이 그러한 사실을 웅변한다.

이처럼 옛 석조물 몇 점에도 백제 패망사가 고스란히 담겨 있다. 근래 부여 시가지 곳곳에서 발굴이 한창인 가운데 새로운 자료들이 속속 모습을 드러내고 있다. 하지만 아직 백제의 궁궐이 어디에 어떤 모습으로 존재했는지, 도시 구조는 어떠했는지조차 제대로 알지 못하는 것이 현실이다. 정밀한 조사와 연구를 통해 '사라진 왕국 백제'에 새로운 조명이 가해지길 바란다.

신
라
Ⅰ

신라의 '강철 부대'를
뒷받침한 제철 장인들

황성동 유적 외

삼국시대에는 전쟁이 잦아 철의 수요가 많았다. 각국은 철을 최대한 확보해 병장기와 갑옷을 만들어야 했고, 부족할 경우 농기구를 녹여 충당하기도 했다. 따라서 철을 안정적으로 확보하는 일은 나라의 명운을 좌우할 정도로 중요했다.

신라는 일찍이 제철 기술을 확보해 철광을 개발하고 철을 직접 생산했다. 산출된 철은 국가 차원에서 직접 관리하면서 공급을 통제하는 방식으로 지방을 장악하고, 일부는 주변국에 수출했다. 학계에서는 한반도 동남부에 치우친 작은 나라 신라가 삼국통일을 이룬 원동력으로 제철 역량을 지목한다. 신라는 언제쯤 철을 제련하기 시작했고 어떻게 '제철 강국'으로 발돋움했을까?

신라 초기부터 갖춘 철 생산 시스템

1989년 8월 경주 황성동 주공아파트 신축 부지에서 유적 존재 여부를 확인하던 경주박물관 연구원들은 흙으로 만든 거푸집 조각을 무더기로 발견했다. 자세히 보니 서기 3세기 쇠도끼를 만들던 거푸집이었다. 미지의 세계였던 신라 제철 유적의 위치가 처음으로 확인되는 순간이었다.

1990년 4월 여러 기관이 공동으로 조사단을 꾸려 본격적인 발굴에 착수했다. 조사를 시작하자마자 철기 생산의 여러 공정을 보여주는 흔적이 차례로 드러났다. 석 달 뒤 조사단은 유적의 성격을 "주조와 단조 공정이 공존하는 신라 초기의 제철 단지"라 설명했고, 언론에 공개된 그 내용은 학계의 뜨거운 반향을 불러왔다.

그해 8월 말 일본에서 보낸 편지가 경주박물관으로 날아들었다. 그 안에 든 황성동 유적 시료 분석 결과서에는 "자철광이 원료로 사용되었고 철에 비소砒素가 다량 함유되어 있다"는 흥미로운 설명이 담겨 있었다. 우리나라 철광산 중 비소의 함량이 높은 곳은 울산 달천광산이므로 그곳이 황성동 제철 단지에서 사용한 철광석 산지로 지목됐다. 그 이후 최근까지 형산강변의 황성동 일대에서

신라 I

경주 황성동 제철 단지에서 일하던 장인의 무덤에서 출토된 철제 말재갈(위). 장인들의 무덤에서는 다양한 철기가 출토돼 그들의 지위가 낮지 않았음을 보여준다. 아래 사진은 경주 황성동 유적에서 출토된 쇠도끼 거푸집이다. 흙으로 만든 이 거푸집은 일회용이며 여기서 산출되는 철기는 쇠도끼로 불리지만 실제 기능은 주로 땅을 가는 괭이였고, 여러 종류의 철기를 만드는 중간 소재로도 쓰였다. 국립경주박물관 제공.

제철 유적과 함께 제철에 종사하던 장인들의 마을과 무덤이 발굴됐다. 신라의 성장을 떠받치던 제철 단지가 그곳에 있었던 것이다.

이 유적은 신라가 초기부터 국가 차원의 철 생산 체계를 갖추고 있었음을 잘 보여주었다. 중국 역사서 《삼국지》에 "변진弁辰에서 생산된 철을 중국 군현에 공급한다. 마한, 동예, 왜倭도 와서 사 간다"는 기록이 있는데, 지금까지의 발굴 결과로 보면 변진의 철 생산을 신라가 일찍부터 주도한 것으로 보인다.

낙동강을 통해 곳곳에 공급된 철

황성동 유적이 발굴된 후 신라의 철 생산에 대한 학계의 관심이 높아졌다. 그 과정에서 소규모 제철 유적은 여러 곳 확인됐지만 황성동에 버금가는 제철 단지는 발견되지 않았다. 그러나 신라 고분 속에서 출토되는 막대한 철기를 생각하면 황성동 일대에서 그 많은 철제품을 모두 생산한 것으로 보기는 어려웠다.

그러한 의문을 풀어줄 실마리가 1998년 낙동강 지류인 밀양강변에서 우연히 드러났다. 그해 12월 김해박물관 연구원들은 밀양으로 향했다. 황성동 제철 유적 발굴에 참여한 바 있는 손명조 실장이 조선시대 이래 철광이 운영된 밀양에 신라 제철 유적이 존재할 가능성이 있다고 주장했기 때문이다. 열흘간의 출장 기간이 끝나가도록 밀양 곳곳을 샅샅이 뒤졌지만 제철 유적은 눈에 보이지 않았다.

그런데 마지막 날 극적으로 제철 유적을 발견했다. 별 소득 없이 조사를 끝내고 들른 커피숍에서 쇠찌끼(쇠똥. 제련 과정에서 나오는 불순물 덩어리)로 만든 수석을 발견한 것이다. 일행은 그 수석이 나온 곳을 수소문한 끝에 사촌 마을에 다다랐는데, 그곳에서 놀라운 광경을 목도한다. 마을 어귀의 감나무 밭에 제철 과정에서 나온 쇠찌끼가 산더미처럼 쌓여 있었고 가마에 산소를 공급할 때 쓰인 송풍관 조각들이 도처에 흩어져 있었던 것이다. 이듬해부터 2차에 걸쳐 발굴한 결과 높은 열로 광석에 함유된 철을 뽑아내던 제련로 7기가 노출됐다. 주변에서는 6~7세기 신라 토기와 함께 쇠집게 등이 나왔다.

이 유적은 6세기 이후 신라가 직접 운영한 제철 단지의 일부였다. 그곳에서 산출된 다량의 철은 낙동강의 수운을 통해 신라 곳곳으로 공급되었을 것이다. 그 시점에 신라는 덕업일신德業日新 망라사방網羅四方을 표방하며 영역을 넓혀가고 있었다. 낙동강변의 제철 단지는 신라가 그러한 담대한 포부를 실현하는 데 든든한 버팀목이 되었을 것이다.

전쟁 승패를 좌우한 철 생산력

사촌 유적 발굴을 신호탄으로 신라 영역 곳곳에서 제철 유적이 속

밀양 임천리 금곡 유적에서 출토된 철광석(왼쪽)과 쇠찌끼. 쇠찌끼는 제련 과정에서 나오
는 불순물 덩어리다. 두류문화연구원 제공.

속 발굴됐다. 2012년에 발굴된 밀양 임천리의 금곡 유적은 신라
장인들이 어떻게 제철 작업을 진행했는지 적나라하게 보여주었
다. 광산에서 옮겨 온 철광석을 잘게 부순 다음 열을 가해 철을 얻
고 그 철을 다시 녹여 불순물을 제거해 순도 높은 철을 산출하는
공정, 망치로 두드려 철기를 만드는 공정 등을 담은 여러 흔적이
고스란히 남아 있었다. 그와 함께 목탄을 굽던 가마터, 장인들의
무덤 등이 일정한 구역을 이루며 세트로 발굴됐다.

　이러한 유적이 보여주듯 신라는 막대한 철을 지속적으로 생산했
다. 그것을 기반으로 신라는 562년 낙동강을 건너 대가야를 수중
에 넣었다. 이어 약 1세기 후에는 백제와 고구려를 차례로 꺾고 삼

국통일 전쟁의 최후 승자가 됐다. 그렇다면 고구려는 차치하고라도 대가야와 백제의 경우 철 생산이 원활하지 않았던 것일까? 아직 대가야의 제철 유적은 제대로 발굴되지 않았다. 그와 달리 백제는 한성기에 충주와 진천에서 대규모 제철 단지를 운영하다가 475년 고구려에 빼앗긴 이후 새롭게 제철 단지를 만든 흔적이 없다.

아마도 백제는 동맹국 신라에서 철을 수입하는 쪽으로 정책을 선회한 것 같다. 그렇다면 이 점이 백제가 신라와의 경쟁에서 밀린 결정적 요인이 아닐까? 두 나라의 관계가 좋았을 때에는 문제가 없었지만 서로 사활을 걸고 싸우게 되었을 때 백제는 철 공급 부족에 시달렸을 공산이 크다. 새로운 발굴과 연구를 통해 이러한 가설이 검토되어 삼국시대 각 나라의 철 생산과 유통 문제가 밝혀지길 기대한다.

'용면와'에 '수세식 화장실'까지 갖춘 신라 궁궐

— 월성 —

고려 때 김부식은《삼국사기》에서 신라가 기원전 57년에 세워진 이래 경순왕이 나라를 들어 고려에 바친 서기 935년까지 줄곧 경주에 도읍한 것으로 기록했다. 신라의 건국 시점을 그대로 수용하는 학자는 적지만 경주가 신라의 천년 왕도였음에는 이론의 여지가 없다. 이는 고구려, 백제와 다른 신라만의 특별한 점이다.

경주는 그토록 오랜 세월 신라의 왕도였기에 어디를 발굴해도 신라의 유적과 유물이 쏟아져 나온다. 그러나 지난 100여 년 동안 숱한 조사 과정에서 다양한 유적이 발굴되었지만 핵심 중의 핵심이라 할 수 있는 궁궐은 전모가 드러나지 않았다. 조선으로 치자면 경복궁 근정전이나 사정전 같은 신라의 중요 건물은 과연 어디에 있었을까?

신라 궁궐 연못 '월지'였던 안압지

《삼국사기》에 따르면 신라 초기 왕성은 금성金城이었는데 파사왕 때 월성月城을 쌓은 다음 그곳으로 옮겼다고 한다. 그 이후 월성은 오래도록 신라의 왕성으로 기능했다. 그러나 달도 차면 기운다는

在城재성이란 두 글자가 좌우로 반전된 채 새겨진 와당. 신라의 왕성인 월성에서 주로 출토되는 기와다. 재성이란 '왕이 있는 성'의 의미로 해석된다. 국립경주박물관 제공.

경주 월지에서 출토된 '용면와'. 지붕 모서리에 부착됐던 이 기와들은 악귀의 침범을 막는 기능을 했으며 해당 건물이 중요한 곳이었음을 말해준다. 국립경주박물관 제공.

말처럼 영원할 것만 같던 신라도 운명이 다해 935년 고려에 국권을 넘겨주고 만다.

화려하기 그지없던 신라 궁궐도 차츰 퇴락의 길을 걷다가 끝내 땅속에 매몰되는 신세가 되고 말았다. 조선시대에는 무너진 성벽을 가로질러 석빙고가 만들어졌고, 월지月池라 불린 궁궐 연못은 원래 이름을 잃은 채 오리와 기러기가 노니는 연못이란 뜻의 안압지雁鴨池로 불리게 됐다.

그렇게 세인들의 기억에서 사라졌던 월성은 1975년 3월 다시금 모습을 드러냈다. 경주시가 안압지 준설 작업을 하다가 다량의 유물을 발견하자 정부는 긴급히 발굴단을 구성해 조사에 착수했다. 이듬해 말까지 이어진 발굴에서 3만 점 이상의 유물이 쏟아져 나왔다. 특히 연못 바닥에서 길쭉한 목재를 이어 붙여 만든 배, 술 마시며 내기할 때 쓴 것으로 보이는 주령구를 비롯해 다량의 유물이 수습됐다.

더불어 연못 서남쪽에서 정연하게 배치된 여러 동의 건물 터가 드러났다. 학계에서는 월지에서 '동궁'이란 글자가 새겨진 유물이 출토된 점을 근거로 그 주변을 태자의 거소인 동궁으로 비정하는 한편 월지 주변 건물 터를 신라 군신들이 연회를 베풀었다고 하는 임해전臨海殿 터로 특정했다. 이 발굴로 신라 궁궐의 범위가 월성에 한정되지 않고 더 넓었음이 알려졌다.

방어시설에서 조경용으로 바뀐 월성 해자

1980년대 초 월지와 월성을 함께 정비하기 위한 프로젝트가 기획되었고, 그 일환으로 1984년부터 월성을 감싼 해자에 대한 발굴이 시작됐다. 월성의 둘레가 2.34킬로미터나 되기 때문에 해자 발굴에 무려 38년이나 소요됐다. 이 발굴을 통해 월성 해자가 처음에는 성을 지키는 데 필요한 방어시설로 기능했지만 삼국통일 후 궁궐이 확대되면서 조경용 연못으로 바뀌었음이 밝혀졌다.

2014년부터 비로소 월성 내부 발굴이 시작됐지만 그 과정은 순탄치 않았다. 1979년 1월 박정희 대통령은 경주시장의 요청을 받아들여 월성 발굴을 지시했다. 그러나 문화계 인사들의 반대에 부딪혀 차일피일 미뤄지던 중 박 대통령이 시해되면서 월성 내부 발굴 계획은 흐지부지되었다.

세월이 흐른 뒤 월성 발굴 및 복원이 박근혜 대통령 후보의 대선 공약에 들어갔고 박 후보가 대통령에 당선되면서 본격적으로 추진됐다. 그러나 정치권 일각에서 월성 발굴에 많은 기관이 투입되어 속도전을 벌여야 한다는 주장을 펼치면서 논란이 벌어졌다. 결국 국가 기관인 국립경주문화재연구소가 단독으로 장기간 조사하는 것으로 결론이 남에 따라 가까스로 발굴의 첫 삽을 뜰 수 있었다.

10년째 이어진 월성 내부 발굴에서 통일신라 건물 터 다수가 드러났고 다량의 유물이 출토됐다. 그럼에도 불구하고 어떤 건물이 신라 궁궐의 정전인지 혹은 편전인지 등 구체적 사실은 밝혀지지 않았다. 이러한 발굴 결과는 1970년대 월지 발굴 결과를 소환했다. 근래 월성 안에서 확인된 그 어떤 건물지보다 더 크고 정연한 월지 서남쪽 건물지 3동을 통일신라의 중심 건물군으로 추정하는 학자들이 늘고 있다.

성 내부 발굴과 병행하여 조사단은 성벽에 대한 절개조사를 실시했다. 그 결과 현재 남아 있는 월성 성벽은 4세기 무렵 처음 축조된 후 몇 차례에 걸쳐 보축되었음이 밝혀졌다. 2017년에는 성벽 하부에서 인골 2구가 발견되었다. 인골 주변에는 토기 몇 점이 놓여 있었다. 조사단은 신라가 성벽을 쌓는 과정에서 산 사람을 죽여 묻은 '인신공양'의 흔적일 것으로 추정했다.

수수께끼로 남은 신라 북궁과 남궁 위치

월성 조사와 별개로 2007년부터 월지 동북쪽 발굴이 진행됐다. 그 과정에서 동궁을 구성하는 여러 건물지가 정연한 모습으로 드러났다. 이 발굴로 동궁을 월지 일대로 보던 과거 견해 대신 월지 동쪽에 동궁이 별도로 존재한 것으로 보는 견해가 설득력을 얻고 있다. 아울러 황룡사 서쪽에 남북으로 시설된 넓은 도로에 접하여 신라 궁궐 동문 터가 위치함이 밝혀졌다.

2016년에 발굴된 아주 작은 금박에는 요즘의 첨단 도구와 기술로도 새기기 어려운 크기의 꽃과 새 무늬가 정교하게 표현되어 있어 신라 세공 기술의 높은 수준을 유감없이 보여주었다. 2017년에는 통일신라 화장실이 발굴돼 눈길을 끌었다. 돌을 깎아 만든 변기와 오물 배출을 위한 경사 배수로가 세트로 확인되었는데, 특히 변기 모양이 현대 변기와 비슷해 보는 이의 감탄을 자아냈다.

동궁 터에서 발견된 통일신라 때 화장실. 하부에 오물 배출을 위한 배수로가 있고 장방형 석재 2개가 걸쳐 있는 등 요즘의 수세식 변기와 구조가 비슷하다. 국립경주문화유산연구소 제공.

이처럼 월성과 월지를 포함한 신라 궁궐에서 수많은 자료가 쏟아져 나왔고 그것을 통해 미지의 세계로 남아 있는 신라사의 이모저모를 확인할 수 있었다. 그러나 아직도 신라 궁궐의 중핵에 해당하는 주요 건물 터, 삼국통일 이전의 건물 터 등은 제대로 발굴되지 않았다. 역사 기록과 유물에 등장하는 북궁과 남궁이 어디에 어떤 모습으로 있었는지도 알지 못한다. 앞으로 발굴과 연구를 통해 이러한 여러 수수께끼가 차례로 풀리길 바란다.

신라 '호국 도량'에서
쏟아져 나온 유물

황룡사지

고려 고종 때인 1238년 경주에 다다른 몽골군은 닥치는 대로 약탈을 자행했다. 사찰도 예외가 아니었다. 황룡사에 난입한 몽골군은 곳곳을 헤집고 급기야 불까지 질렀다. 무자비한 화마는 신라의 세 가지 보물 중 두 가지에 해당하는 장육존상과 9층탑을 집어삼켰다. 수백 년 동안 경주의 랜드마크였던 황룡사는 역사의 뒤안길로 사라졌고 차츰 세인들의 기억에서 잊히고 말았다.

1976년 그 터에 대한 발굴이 시작됐다. 당초 3년 예정으로 착수했지만 땅속은 예사롭지 않았다. 건물은 모두 사라졌으나 주춧돌

경주 황룡사지에서 나온 치미(위). 건물 용마루 끝에 올려 장식하는 기와로 높이가 182센티미터에 달해 황룡사 건물이 매우 크고 웅대했음을 말해준다. 아래 사진은 황룡사 목탑 하부에서 출토된 고리 지름 3.43센티미터의 금동귀걸이(왼쪽)와 높이 12센티미터의 백자 소호. 국립경주박물관 제공.

신라 I

은 고스란히 남아 있었고 절에서 썼던 유물이 쏟아져 나와 발굴을 마무리하기까지 8년이나 걸렸다. 조사 결과 황룡사는 탑, 금당, 강당이 남북으로 배치되었고 특히 금당은 동서로 3동이 배열되었음이 밝혀졌다. 회랑으로 둘러싸인 절 내부의 면적은 무려 2만 4500여 평에 달했다. 황룡사는 어떤 절이었고, 이 절터는 어떤 비밀을 토해냈을까?

'황룡'이 나타난 곳에 세운 절

《삼국사기》에는 황룡사 창건과 관련한 흥미로운 기록이 실려 있다. 신라 진흥왕은 20살이 되던 553년 월성의 동쪽에 새로운 궁궐을 지으라고 명을 내렸는데, 그곳에서 황룡黃龍이 나타나자 괴이하게 여겨 궁궐 대신 절을 짓고 황룡皇龍이란 이름을 내려주었다고 한다. 황룡이 나타났다는 기록을 믿을 수는 없지만 궁궐을 지으려다 포기하고 그곳에 절을 세웠다는 기록은 사실로 볼 수 있다.

진흥왕은 7살의 어린 나이에 즉위했고 그를 대신해 태후가 섭정했다. 학계에서는 진흥왕이 개국이라는 연호를 쓴 551년 이후 친정을 시작한 것으로 보는 견해가 많다. 그때를 전후해 신라는 영역을 본격적으로 확장한다. 그 무렵은 신라에서 불교가 공인된 지 한 세대 가까이 지난 시점이었고, 왕과 그 일족은 자신들의 권위를 높이는 데 불교를 이용하고 있었다. 이러한 배경에서 황룡사 창건이라는 대역사가 시작됐다. 결국 절을 세우는 것이든 궁궐을 세우는 것이든 모두 왕권을 높이는 장치였던 셈이다.

1976년 황룡사지 하부에 깊게 도랑을 파서 토층 퇴적 상태를 조사한 결과, 절이 들어서기 전에는 저습지였음이 밝혀졌다. 신라인들은 그곳에 물의 신, 용이 살고 있다고 믿었을 가능성이 있다. 넓은 저습지를 메워 터를 만드는 공사는 국가 차원에서도 쉬운 일이 아니었을 것이다. 그러한 작업을 마무리하고 담장까지 설치한 것은 공사의 첫 삽을 뜬 지 16년이나 지난 569년의 일이다.

층마다 적국의 이름을 새긴 9층탑

신라 선덕여왕 때 당에서 귀국한 자장 법사가 9층탑 건립을 건의했다. 그 무렵 신라는 그러한 건축물을 세워본 경험이 없어서 백제에 장인을 요청했다. 이에 백제가 파견한 인물이 아비지阿非知다. 그가 주도하고 신라의 목공 200명이 힘을 합쳐 높이 80미터에 달하는 9층탑을 645년에 완공했다.

《삼국유사》에 인용된 신라 승려 안홍의 책에는 신라에 위협이 되는 나라들의 침입을 막으려 9층탑의 층마다 일본, 중화, 오월 등 가상 적국을 할당했다는 내용이 적혀 있다. 당시 신라가 주변국의 침입을 경계하고 또 그들의 위협으로부터 나라를 지키려는 의지가 얼마나 강했는지를 잘 보여주는 기록이다.

황룡사지는 광복 이후 국가 사적으로 지정되었으나 이미 곳곳에 가옥이 들어서 있었다. 특히 9층탑 기초부 위에도 집 1채가 세워져 있었다. 정부는 1964년 그 집을 매입해 철거했는데 그 조치가 문제를 불러왔다. 사리구가 봉안된 심초석이 외부로 드러났고 얼마 지나지 않아 도굴꾼들이 밤을 틈타 사리구를 훔쳐 달아난 것이다. 2년 후 우연히 도굴 사실이 알려져 사리구의 일부를 가까스로 회수할 수 있었다.

사리구가 도굴의 피해를 입었기에 당초 목탑지는 황룡사지 발굴의 핵심이 아니었다. 탑 기초부의 규모 정도만 밝혀볼 참이었다. 그런데 토층 확인용 도랑에서 청동제 팔찌와 그릇이 출토되자 발굴을 확대하기로 했다. 1978년 7월 25일, 포항제철이 지원해준 크레인으로 약 30톤 무게의 심초석을 들어 올리자 곳곳에서 유물 흔적이 드러났다. 그릇, 손칼, 가위, 도끼, 낫, 귀걸이 등 신라산 물품이 주종을 이루었고 당에서 들여온 청동거울과 백자도 출토됐다. 발굴품에 대해 학계에서는 창건기의 사리기와 공양품으로 보거나 지신에게 제사 지내며 넣은 물품으로 추정하고 있다.

황룡사 남쪽, 축구장 3.5개만 한 광장

절터 내부 발굴에 이어 1987년부터 근래까지 수십 년에 걸쳐 절터 외곽 발굴이 이어지고 있다. 그 결과 황룡사가 섬처럼 홀로 떨

1978년 7월 28일에 황룡사 목탑 심초석을 옮기고 있는 현장. 국가유산청 제공.

어져 있지 않고 신라 왕경의 핵심 요지에 자리했음이 밝혀졌다. 절 담장 밖에는 넓은 포장도로가 깔렸고 동남쪽과 서남쪽 모퉁이에는 큼지막한 교차로가 있었다. 절 주변의 정연하게 구획된 공간에서는 신라 왕경인들의 가옥이 연이어 발견됐다.

신라 왕궁인 월성은 경주 분지 전체로 보면 한쪽으로 치우쳐 있다. 북쪽으로는 마립간기 왕릉들이 자리해 있고 남쪽으로는 남천이 흐른다. 따라서 현재까지의 발굴 결과로 보면 경주 분지 도시 구획의 기준점은 월성이 아닌 황룡사였을 가능성이 높아지고 있다. 근래 신라문화유산연구원이 황룡사지 남쪽에서 발굴한 광장이 학계의 시선을 끌고 있다. 잔자갈을 곱게 깐 이 광장은 동서 500미터, 남북 50미터 크기로 국제 규격 축구장 3.5개에 해당하는 규모이다. 이곳에서 신라 왕은 군사를 사열하거나 중요 행사를 주관했을 것이다.

이처럼 황룡사는 통상의 사찰과 다른 매우 특별한 공간이었다. 처음에는 왕권을 상징하는 사찰이었으나 차츰 신라인의 마음을 하나로 모으는 호국 도량으로 변모했다. 아마도 신라의 '삼한일통' 과정에서 매우 중요한 역할을 담당했을 것이다. 불국토에 산다고 여긴 신라인들에게 황룡사는 온갖 두려움을 완화하는 성소였을 것이다. 앞으로도 계속될 발굴과 연구를 통해 황룡사의 실체가 조금 더 생생하게 드러나길 기대한다.

비석이 증언하는
'신라판 책임시공제'

───────── 남산신성비 ─────────

우리 역사 속 여러 고도 가운데 경주는 왕도로 쓰인 기간으로 보면 타의 추종을 불허한다.《삼국사기》에 따르면 신라는 단 한 번의 천도도 없이 천 년 가까이 경주에 도읍했다고 한다. 고대의 전쟁에서 왕도를 잃는 것은 곧 나라의 패망을 뜻할 정도로 위험천만한 일이었기에 신라는 왕도를 지키기 위해 방어시설을 2중 3중으로 구축했다.

　그 가운데 진평왕 때 쌓은 남산신성南山新城은 중요도가 높은 핵심 거점이었다. 이 성은 왕의 거소인 월성에서 가장 가까운 곳에 자리

경주 남산신성 발굴 모습. 신성의 둘레는 2854보에 이르는데, 맹서 등을 새긴 비석이 약 200기 존재했을 것으로 추정되고 있다. 신라문화유산연구원 제공.

한 산성일 뿐만 아니라 규모 또한 방대하다. 요즘으로 치면 수도방위사령부에 해당한다. 이 성에서는 다른 성들과 달리 언제, 누가, 어떤 방식으로 쌓았는지를 알려주는 비석이 10기나 발견되어 학계의 주목을 끌어왔다. 이 비석들에는 신라사의 비밀을 밝혀줄 어떤 단서들이 새겨져 있을까?

"3년 안에 성이 무너지면…"

1934년 10월 경주박물관장 오사카 긴타로와 경주고적보존회 촉탁 최남주는 경주 남산 주변 민가 앞길에서 우연히 비석 하나를 발견했다. 비석에는 "신해년 2월 26일에 남산신성을 쌓는데, 만약 쌓은 지 3년 이내에 성이 무너지면 법에 따라 죄를 다스릴 것이라는 명을 듣고 맹서한다"는 흥미로운 글귀가 새겨져 있었다. 이 비석은 곧바로 한 잡지에 소개되었고 신라의 중요 금석문으로 자리매김했다.

1956년 남산 서쪽 기슭에서 남산신성비 조각 하나가 발견된 데 이어 1960년 그 주변에서 나머지 조각이 발견되면서 남산신성비가 복수로 세워졌음이 밝혀졌다. 이후 2000년까지 비석이 차례로 발견되어 남산신성비는 10기로 늘었다. 그 가운데 1972년에 발견된 제5비는 민가의 구들장으로 쓰던 것이 주택 개축 과정에서 드러나 박물관으로 옮겨졌다. 1994년 발견된 제9비는 원위치에서 파내져 다른 곳으로 옮겨졌지만 당시 경주박물관 박방룡 학예사의 노력으로 원래 성벽 안쪽에 세웠던 비라는 것이 밝혀졌다.

일제강점기 이후 전국 각지의 읍성과 산성 성돌은 온돌을 비롯한 각종 건축 부재로 전용되었는데, 남산신성의 성돌 역시 그 무렵 성 밖으로 다수 반출되었다. 그 성돌 무리에 남산신성비 몇 점도 포함된 것이다.

경주 남산신성에서는 지금까지 축성 날짜와 맹서 등을 새긴 비석 10기가 발견됐다. '3년 안에 파손될 경우 벌을 받겠다'는 맹서이니 일종의 책임시공제가 신라 때 있었던 것이다. 왼쪽 사진은 1934년 처음으로 발견된 남산신성비. 자연석에 새로로 축조에 참여한 인물의 이름, 출신지 등 개인 정보가 새겨져 있다. 오른쪽은 사천왕사지 주변 민가에서 발견된 제3비(탁본). 국립경주박물관 제공.

5, 6세기의 신라 비석 가운데 북한산 진흥왕순수비처럼 매끈하게 다듬은 돌에 비문을 새긴 것도 있지만, 남산신성비를 위시한 다수 는 자연석재의 편평한 면에 글귀를 새긴 것이다. 10기의 남산신성 비를 살펴보면 새겨진 글귀는 비석마다 다르지만 비문 구성의 큰 틀은 같다.

제2비만이 아대혜촌이라는 마을 이름으로 시작하고 다른 비석 은 신해년 2월 26일에 쌓았다는 축성 날짜가 맨 앞에 나온다. 이어 정해진 법식에 따라 성을 쌓고 만약 3년 이내에 성이 무너져 파손 될 경우 벌을 받겠다는 맹서가 기록되어 있다. 제2비도 마을 이름 뒤에 축성 날짜와 맹서의 글귀가 동일하게 새겨져 있다.

비문에 등장하는 신해년이 591년일 것이라는 점에는 이론이 없다. 진평왕 재위 13년에 "7월 남산성南山城을 쌓았는데 둘레가 2854보步다"라는 기록이 《삼국사기》에 있는데, 그해의 간지가 신 해년이기 때문이다. 2월 26일이 공사를 시작한 날짜인지, 준공한 날짜인지 논란이 있다. 혹자는 2월 26일에 공사를 시작해 7월에 준공한 것으로 보기도 한다.

맹서문 다음에는 구간별로 시공에 참여한 책임자급 인물의 명단 과 그 집단이 시공한 구간의 길이가 새겨져 있다. 명단 속 인물에 는 중앙에서 파견된 지방관, 현지 출신 하급 관인, 축성에 필요한 기술자가 포함되며 그늘의 관직, 출신지, 이름 등의 '개인 정보'가 고스란히 공개되는 방식이므로 공사의 완성도를 높이는 데 효과가 컸으리라 짐작된다. 공사 담당 구간의 길이는 비석마다 차이가 있는데, 그 이유는 지형 조건에 따라 길이를 조정했기 때문인 것 같다.

약 200개의 '책임시공 비석'

진평왕은 신라 국왕 56명 가운데 시조 혁거세왕을 제외하면 가장 오랜 기간인 53년간 재위했다. 진흥왕의 태자였던 동륜銅輪의 맏아들로, 숙부인 진지왕이 폐위된 후 왕위에 올랐다. 그는 내치와 외치에서 많은 업적을 남겼지만 선대의 진흥왕과 후대의 무열왕에 가려 정당한 평가를 받지 못했다.

그는 많은 부서를 설치하여 국정을 직접 챙겼고 중국 왕조들과의 외교 관계를 수립 및 개선하고자 노력했다. 그는 군사 분야에도 관심을 기울여 591년 남산신성을 쌓았고 2년 후에는 명활산성과 서형산성을 고쳐 쌓았다. 603년에는 고구려군이 북한산성을 공격하자 직접 군사 1만을 이끌고 나아가 고구려군을 패퇴시키기도 했다.

그의 치세에 남산신성 축조 과정에서 시도한 구간별 '책임시공제'가 신라의 여타 성 축조에도 쓰였는지는 알 수 없다. 그러나 이

방식은 단기간에 산성을 쌓을 때 효과적이었을 것이므로 당시 보편적 축성법이었을 가능성도 고려할 수 있다. 이러한 축성 방식은 지방사회 깊숙이 중앙 권력이 침투하여 요역을 징발하는 시스템과 함께 축성의 세부 공정별 전문 인력이 갖춰져 있었기에 가능했다. 10기의 남산신성비에는 591년 당시 신라가 지닌 집권력과 기술력이 고스란히 투영되어 있다.

이처럼 옛 비석은 역사서에서 느낄 수 없는 또다른 매력을 지니고 있다. 그 매력이란 바로 '날것', 즉 생생함이다. 비록 글자가 마멸되고 문장이 정치하지 않아 판독이 어렵기는 하지만 비석을 세운 시점의 모습을 잘 보여주며 역사의 여백을 메울 수 있는 단서가 풍부하다. 남산신성을 쌓으면서 비석이 적어도 200기가량 세워졌을 것으로 추정되므로 지금도 수많은 비석이 어딘가에 묻혀 있을 가능성이 있다. 머지않아 제11비가 발견되어 남산신성 축조의 비밀이 조금 더 밝혀지길 기대해본다.

저습지 발굴로 찾아낸
신라 유물의 타임캡슐

─────── 월지 ───────

경주 월지의 인기가 나날이 치솟고 있다. 경주시가 가꾸어온 꽃밭과 월지 경관이 어우러져 많은 사람이 꼭 한 번 가보고 싶은 곳으로 손꼽는다. 월지는 신라 문무왕 때 궁궐 안에 만든 인공 연못이다. 그 시절에도 신라 사람이라면 누구라도 시간을 보내고 싶은 '핫 플레이스'였을 것이다.

근래 우리나라 고고학계에서 저습지 발굴이 대세로 자리잡고 있다. 전국 곳곳의 성터에 남아 있는 연못 발굴이 줄을 잇고 있다. 연못 속 펄이 나무, 동물 뼈 등 유기물을 잘 보존해주어 다른 유적에

금동삼존판불은 경주 월지에서 출토된 판불 10점 가운데 하나로 보물로 지정되었다. 국립
경주박물관 제공.

서는 찾아보기 어려운 중요 유물이 출토되기 때문이다. 우리나라
저습지 발굴의 출발점이 바로 경주 월지 발굴이었다.

일본과의 교류를 보여준 금동 가위

1975년 4월 초, 조사원들은 연못의 호안석축 가운데 서쪽 부분을 노출하는 한편 연못 내부의 펄을 계속 제거해나갔다. 그 과정에서 이색적인 모양의 금동가위 1점이 출토됐다. 색깔만 조금 변했을 뿐 당장 사용해도 좋을 정도로 생생한 모습이었다.

이 가위는 형태부터 독특하다. 손잡이는 좌우로 조금 벌어졌는데 봉황 2마리가 서로 머리를 교차하는 듯한 형상이다. 표면 전체에 인동당초무늬가 빼곡히 조각되어 있고 물고기 알처럼 생긴 동글동글한 무늬가 여백을 가득 채우고 있다. 가윗날 윗면에 각각 반달 모양의 조각이 덧붙여져 있는데 초의 심지를 자를 때 심지가 밖으로 떨어지지 않도록 고안한 것이다. 비록 초의 심지를 자르는 가위에 불과하지만 뛰어난 실용성과 멋진 디자인, 세련된 금속공예 기법이 한데 어우러져 있어 근래 보물로 지정되었다.

이 가위는 8세기 무렵 신라와 바다 건너 일본의 매우 활발한 교류를 증명해준다는 점에서도 중요하다. 일본 나라현 동대사東大寺(도다이지)에는 일본 왕실의 보물창고인 정창원正倉院(쇼소인)이 있다. 그곳의 보물들 가운데 어디서 만들어졌는지 분명하지 않은 가위 1점이 있었다. 그런데 월지에서 비슷한 금동가위가 출토됨에 따라 신라에서 수입한 물품이라는 것이 밝혀졌다. 정창원 가위는 길이가 월지 가위보다 조금 작으며, 대칭을 이룬 손잡이가 월지 가

경주 월지에서 발견된 금동초심지가위(보물). 봉황 2마리가 머리를 교차하는 듯한 독특한 손잡이가 인상적이다. 국립경주박물관 제공.

위와 매우 비슷하다.

오븐에서 타버린 목제 유물

5월 말에도 예상치 못한 유물이 출토되었다. 북쪽 구역에서 진흙을 제거하던 중 길이가 17센티미터 정도인 나무 조각 1점이 드러

신라 I

났다. 조심스레 물로 씻던 조사원들의 눈이 휘둥그레졌다. 너무도 생생한 남근 모양이었기 때문이다. 궁궐 연못 속에서 이토록 사실적인 목제 남근이 출토된 이유를 놓고 많은 견해가 나왔는데, 여성을 상징하는 연못에 제사를 지내면서 넣은 제물로 보는 견해가 대세였다.

6월 중순에는 연못 서쪽 바닥에서 14면체인 나무 주사위가 출토됐다. 참나무를 깎아 만든 것이며 사각형이 6면, 육각형이 8면이고, 높이는 4.8센티미터 정도여서 한 손에 꼭 쥐고 놀이를 할 수 있는 크기였다. 각 면에 여러 글자의 한자로 구성된 글귀가 새겨져 있었다. 그 가운데 '소리 없이 춤추기禁聲作儛', '술을 모두 마시고 크게 웃기飮盡大笑', '술 석 잔을 한 번에 마시기三盞一去', '누구에게나 마음대로 노래 청하기任意請歌' 등 벌칙이 눈길을 끌었다. 이 때문에 이 주사위에 주령구酒令具라는 이름이 붙여졌다. 연못가 건물 위에 둘러앉아 박장대소하며 술잔을 돌리고 가무를 즐기던 신라인들의 풍류가 눈에 선하다.

그런데 신라인의 신앙과 풍류를 잘 보여주는 목제 남근과 주령구는 현재 실물이 남아 있지 않다. 1979년 보존처리 전문가가 이 유물들을 건조용 오븐에 넣고 퇴근했는데, 아침에 출근해서 보니 기계 과열로 모두 한 줌의 재로 변해 있었다. 보존처리 장비가 발달하지 않았던 시절의 일이기는 하나 너무도 아쉬운 대목이다.

월지 발굴이 끝나고 유물을 정리해보니 출토된 유물은 3만

소리 없이 춤추라는 뜻의 '금성작무'가 새겨진 나무 주사위(왼쪽)와 건물 지붕마루 끝에 부착했던 기와. 국립경주박물관 제공.

3000여 점에 달했다. 그 가운데는 실수로 연못에 빠뜨리고 안타까워했을 보물도 있고, 물속에 산다고 믿었던 신에게 소원을 빌면서 넣어준 물건도 있다. 궁궐이 무너지면서 연못 속으로 휩쓸려 들어간 유물도 있을 것이다. 이렇게 많은 유물이 그대로 남아 있을 수 있었던 것은 촉촉한 펄 덕분이다. 펄은 1200여 년의 세월 동안 마치 타임캡슐처럼 건축 부재, 식기, 등잔, 휘장 걸이, 생활 소품, 배, 불상 등 수많은 유물을 고스란히 품고 있다가 토해냈다. 그러나 이 유적이 발굴된 지 반세기가 지났지만 발굴품에 대한 관심과 연구는 적은 편이다. 월지처럼 그곳 출토 유물에 대한 관심도 높아진다면 생활사 연구가 한 단계 더 진전될 수 있을 것이다.

문무왕의 호국 염원이 서린 절

사천왕사지

신라의 삼국통일 전쟁을 이끈 인물로 김춘추(무열왕)와 김유신을 손꼽지만 문무왕의 역할도 막중했다. 문무왕은 태자 때 수많은 전장을 몸소 누볐고 왕위에 오른 후 전쟁을 승리로 마무리했다. 그는 삼한일통의 대업을 이룬 후에도 외적의 침입을 늘 경계했다. 그러한 경계심은 그의 유명한 유언에서 잘 드러난다.

681년 왕은 56세의 나이로 세상을 뜨기 전 "짐은 죽은 뒤에 호국의 큰 용이 되어 나라를 수호하고자 한다"라고 유언하고, 다음과 같은 조서를 남겼다. "운명은 가고 이름만 남는 것은 예나 지금이나 마찬가지니 갑자기 긴 밤으로 돌아간다고 한들 무엇이 한스럽겠는가! 죽고 나서 열흘 뒤에 궁궐의 창고 문밖에서 화장하라!" 왕은 이름만 남기려 했지만 그의 자취는 지금도 경주 곳곳에 고스란히 스며들어 있다.

위기감 속에 세운 사천왕사

당나라와 연합하여 군사 작전을 수행했던 문무왕은 그들의 야욕을 누구보다도 정확히 꿰뚫고 있었다. 그는 서쪽 바닷가에 당나라 군사들이 수시로 출몰하자 특별한 지시를 내린다. "낭산 자락에 채색 비단으로 절을 짓고 명랑 법사와 명승 12명이 문두루비법文豆婁秘法을 쓰니 당나라 배가 모두 침몰했다"는《삼국유사》기록이 그러한 상황을 보여준다. 바람과 파도를 불러온 문두루 주문의 효과는 과장되었을 수 있으나, 신라는 이를 통해 전란의 화를 피할 수 있었다고 한다. 뒤이어 왕은 같은 곳에 사천왕사를 세웠다. 사천왕이란 수미산 중턱 사방에 머물며 불법을 지키는 수호신인데, 신라에서는 호국의 신으로 각광받았다. 사천왕사 창건은 불력을 이용해 민심을 안정시키고 나라를 지키려 한 문무왕의 승부수였다.

이 절은 일제강점기에 다시금 주목받았다. 낭산 자락에서 다량의 기와 조각과 유려한 문양의 녹유신장상綠釉神將像 조각이 발견되어 사천왕사터로 지목된 것이다. 2006년 이래 진행된 국립경주문

사천왕사 목탑 기단을 장식했던 사천왕상의 일부. 틀에 찍어낸 뒤 초벌구이를 하고 다시
유약을 입혀 구워 완성했다. 국립경주박물관 제공.

화재연구소의 발굴 과정에서 문무왕의 호국 염원이 서린 사천왕
사가 전모를 드러냈다. 조사단은 녹유신장상이 탑의 기단부 장식
품이라는 점과 2개의 거북 모양 비석받침 가운데 하나가 문무왕릉
비의 일부임을 밝혀냈다.

밭을 갈다 발견한 문무왕릉비

역대 왕들의 무덤 앞에 능비를 세우는 경우가 있다. 능비에는 주로 왕의 주요 업적을 새긴다. 문무왕의 경우 왕릉을 만들지 않았기 때문에 능비가 필요 없을 것 같지만 신문왕은 부왕의 능비를 사천왕사에 세웠다. 이 비석은 현재 여러 조각으로 파손된 채 국립경주박물관에 소장되어 있다. 이 비석은 숱한 우여곡절을 겪은 뒤에야 우리 곁에 남을 수 있었다.

1795년 홍양호는 경주에서 한 농부가 밭을 갈다 문무왕릉비를 발견했다는 소식을 듣고 그 비의 탁본을 입수하여 내용을 검토한 다음 기록으로 남겼다. 1817년 김정희는 직접 경주로 가서 사천왕사터 부근 밭둑에 방치된 문무왕릉비를 찾아내 탁본을 뜬 뒤 능비의 작성 시기 등에 대해 연구했다. 그의 조사 이후 능비는 행방이 묘연해졌다. 1961년에 이르러 경주 동부동 민가에서 비석의 아래 조각이 우연히 발견됐고 2009년에는 근처의 다른 민가에서 빨랫돌로 쓰던 비석 조각을 수도검침원이 우연히 발견했다.

문무왕의 위업이 고스란히 새겨진 능비는 이처럼 지난한 과정을 거쳐 지금까지 전해졌다. 이 능비는 삼국통일 직후 신라의 학문과 서예 수준을 잘 보여주며, 역사책에 기록되지 않은 문무왕의 나이와 화장 과정에 대한 세부 정보가 담겨 있어 신라사 연구에 매우 중요한 가치를 지니고 있다.

용이 들어와 머물던 감은사

신문왕은 부왕인 문무왕의 은혜에 감사함을 표하고자 부왕의 뼛가루를 뿌린 곳 가까이에 절을 지었다. 그 절이 바로 감은사다. 감은사의 실체는 분명했지만 1950년대까지 그곳에 초가집이 들어차 있어 절의 범위와 가람 배치 등을 제대로 살피기 어려웠다.

　1959년 감은사터 발굴이 시작됐다. 광복 후 처음 실시하는 절터 발굴이었다. 조사원들이 주목한 곳은 금당 터였다. 신라 문무왕의

감은사지의 동탑 사리장엄구(왼쪽)와 서탑 사리장엄구. 외함 안에 사리병이 안치된 이 사리기가 들어 있었다. 국립중앙박물관 제공.

화신인 용이 들어와 머물 수 있도록 금당 섬돌 아래에 구멍을 뚫어 놓았다는《삼국유사》의 신이神異한 기록을 확인하기 위해 조사를 진행한 결과 편평한 석재와 돌기둥을 조립해 만든 특이한 시설이 드러났다. 건물 바닥에 공간을 두기 위해 마련한 구조라《삼국유사》기록에 부합하는 것으로 여겨졌다. 다만 일제강점기에 이 구조물을 방공호로 쓰는 바람에 일부 훼손된 점이 아쉬웠다.

당시 문교부는 그해 말 보존 상태가 나쁜 감은사지 서쪽 석탑의 해체 공사를 시작했다. 탑 부재를 해체하던 중 창건 당시의 사리장엄구를 발견했다. 불법의 수호신 사천왕, 음악을 연주하는 악사 조각과 함께 유려한 문양이 다양하게 표현돼 있었다. 1996년에는 국립문화재연구소 조사팀이 동쪽 석탑을 해체하던 중 또 하나의 사리장엄구를 발굴했다. 보존 상태가 완벽했고 초정밀 세공술이 구사되어 있어 7세기 후반의 신라 공예문화가 우리의 예상을 훨씬 뛰어넘는 수준임을 잘 보여주었다.

젊은 시절 몸소 전장을 누볐고 왕위에 올라서는 외적의 침입으로부터 어떻게 하면 강역을 지켜낼지 노심초사한 문무왕. 그는 죽음을 목전에 둔 시점까지 백성들의 수고로움을 덜고 나라를 지키려 고민했다. 그에 대한 자료는 상당히 축적되었지만 그와 그의 시대에 대한 연구는 너무나도 적은 편이다. 문무왕을 집중 조명한다면 삼국통일 전후의 역사와 문화가 담긴 거대한 실타래가 차츰 풀릴 것이다.

　　　　　　　　　　　　　　　　　　　　신라 I

김유신 저택 우물에 숨겨진 비밀

고려 때 김부식은《삼국사기》에서 '신라 명장' 김유신을 비중 있게 다루면서 "나라 사람들이 그를 칭송하는 것이 지금까지 이어져, 꼴 베고 가축 기르는 아이들도 그를 안다"라고 설명했다. 그러나 김유신의 명성도 무심한 세월을 견디지 못하고 세인들의 기억에서 차츰 희미해져갔다. 그런 연유로 그가 어디서 살았고, 어디에 묻혔는지를 두고 논란이 벌어졌다.

국가 사적 '김유신 묘'가 실제 그의 무덤인지에 대해서는 여전히 논란이 있지만, 그가 살았던 집은 근래 발굴을 통해 위치와 규모가

경북 경주에 있는 재매정택의 전경. 신라 명장 김유신의 집터로 여겨지는 이곳은 신라 궁성인 월성 서쪽에 있고 담장으로 둘러싸인 내부 면적이 3000평(약 9917제곱미터)에 이른다. 신라문화유산연구원 제공.

밝혀졌다. 그의 집터 발굴에서 새롭게 드러난 사실은 무엇일까?

'물맛 좋은' 재매정은 어디에

《삼국유사》에는 신라 전성기 왕도에 17만 8936호戶가 살았고 35개의 금입택金入宅이 있었다는 흥미로운 기록이 남아 있다. 여기서 금입택이란 글자 그대로 금으로 장식한 집이거나 그렇지는 않더

재매정택 내부에는 집 이름의 유래가 된 우물 '재매정'과 1872년 경주부윤 이만운이 세운 '신라 태대각간 개국공 김선생 유허비'가 남아 있다. 주하늘 제공.

라도 매우 화려하게 꾸민 저택을 말할 것이다.

열거된 금입택 가운데 재매정택財買井宅은 재매정이라는 우물에서 연유한 이름으로 보이는데,《삼국유사》를 지은 일연 스님은 작은 글씨로 '김유신의 종갓집'이라는 설명을 달아놓았다.

1976년, 정부는 김유신의 집이 월성 서쪽에 위치한다는 기록, 그리고 조선 고종 9년(1872년) 경주부윤 이만운이 세운 '신라 태대각간 개국공 김선생 유허비' 등에 근거하여 유허비 곁 우물을 포함한 그 일대를 사적으로 지정했다. 사적 명칭을 재매정택이 아닌 재매정으로 결정한 것은 김유신 집 우물의 강력한 이미지 때문일 수 있다.

김유신 집 우물에 대한 설명은 《삼국사기》에 나와 있다. 김유신이 백제와의 전투에서 승리하고 왕도로 막 돌아왔는데, 백제군이 재차 침입을 준비한다는 소식에 집에도 들르지 않고 그대로 출병하게 되었다고 한다. 그 집 사람들이 모두 문밖에 나와 기다렸지만, 김유신은 문을 지나 돌아보지도 않고 가다가 사람을 시켜 물을 가져오게 해 마시고는 "우리 집 물은 아직 옛 맛 그대로구나!"라고 말하곤 곧바로 전장으로 향했다고 전한다.

《삼국유사》에 기록된 재매정택의 재매정이 바로 그 우물일 가능성이 높은데, '재매'는 재매부인이라는 이름에서 비롯된 것이다. 학계에서는 그녀를 김유신이 만년에 정략결혼을 한 무열왕의 딸 지소로 보는 견해가 대세인데, 근래 김유신의 전처로 보는 견해가 나왔다.

우물 터에서 쏟아져 나온 유물

1991년, 국립경주문화재연구소는 재매정의 성격을 해명하고자 발굴에 나섰다. 3년간 이어진 발굴에서 우물과 함께 그 주변 사방 70미터 범위를 조사했다. 그 결과 재매정으로 전해지는 우물은 상

우물 재매정. 재매정택의 우물들에서는 나무 두레박과 골무, 토기, 당나라 동전인 개원통보 등 유물이 다수 출토됐다. 재매정택 북쪽에 있는 집 우물 터에서는 말 머리뼈 4개가 발견되기도 했다. 신라 멸망기에 우물을 폐쇄하면서 제사를 지낸 흔적으로 보인다. 주하늘·신라문화유산연구원 제공.

부가 근대에 정비된 것이지만 아래쪽은 통일신라 때 쓰였음이 확실하다는 점, 그리고 주변에 여러 동의 건물 터가 존재했다는 사실이 밝혀졌다. 그러나 기대했던 금입택의 증거는 드러나지 않았다. 그에 따라 조사단은 재매정의 위치에 착오가 있을 수 있다는 가능성을 시사했다.

그 때문인지 이후 20년 동안 재매정은 학자들의 관심에서 다소 벗어나 있었다. 그러던 차에 2013년 발굴이 재개됐다. 구역을 확장해 조사하면 새로운 실마리가 나올 수 있다고 여겼기 때문이다. 2년에 걸친 발굴에서 신라문화유산연구원은 새로운 자료를 다수 확보했다. 그곳에는 수십 동의 건물 터와 신라 때 우물 터 4기가 더 있었고 담장으로 둘러싸인 저택의 면적은 3000평에 달했다.

특히 우물 터 안에서 중요 유물이 쏟아져 나왔다. 나무 두레박, 뼈로 만든 골무, 당나라 동전인 개원통보, 기와와 전돌, 토기가 다수 출토된 것이다. 구덩이 하나에는 비늘갑옷(찰갑札甲) 일부가 폐기되어 있었는데, 개별 부품의 숫자가 696매나 됐다. 일각에서는 이 갑옷을 김유신과 관련짓지만 함께 폐기된 유물 가운데 9세기 것이 많아 그렇게 보기는 어렵다. 이 발굴을 통해 조사단은 이 유적을 역사 기록에 등장하는 재매정택이라고 특정했다.

제물이 된 말 머리뼈의 증언

발굴은 재매정택 북쪽으로 확대되었고 그곳에서 정연하게 구획한 공간에 배치된 여러 채의 가옥 터를 찾아냈다. 가옥마다 복수의 건물과 부속시설을 갖춘 모습이었다. 그 북쪽에는 5~6세기 대형 무덤이 분포되어 있으므로 이곳에 자리한 일군의 가옥들은 신라 왕경 내 여타 가옥들과 분리되는 듯한 입지를 지녔으며, 궁궐의 서문이나 재매정택과 인접해 있어 요즘 표현으로 '금싸라기 땅'에 해당한다. 그러한 입지와 역사 기록, 발굴 결과를 종합적으로 검토한다면 아래쪽이 김유신 종택, 위쪽이 김유신 일가의 거주 구역이었을 가능성이 있다.

그 가운데 2호 우물 터에서 특이한 자료가 검출됐다. 우물 바닥에서 4개체분의 말 머리뼈가 발견된 것이다. 신라 우물 터에서는 신라 멸망기에 우물을 폐쇄하면서 제물을 바친 흔적이 종종 발굴되곤 하는데, 이처럼 말 4마리의 머리를 잘라 제물로 바친 사례는 달리 찾을 수 없다. 신라인들은 우물 속에 용왕이 산다고 여겼기에 말을 죽여 제사 지낸 다음 우물을 폐기한 것인데, 당시 말의 가치와 효용성을 생각할 때 매우 이례적인 일이다.

그렇다면 재매정택은 언제쯤 만들어져 언제까지 존속했을까? 발굴된 유물에 그 단서가 숨겨져 있다. 이 유적에서는 신라에서 기와를 처음 만들던 6세기 전반대 기와가 출토됐다. 그 시기에 기와는 궁궐이나 사찰에 한정적으로 사용되었으므로 재매정택에 거주한 인물의 신분이 매우 높았음을 보여준다. 앞으로 연구가 필요하지만 532년 멸망한 금관가야의 왕족이 신라 왕도로 옮겨 와 이곳에 터를 잡았고 김무력, 김서현, 김유신을 거치면서 차츰 재매정택의 외형이 갖추어졌을 가능성을 고려할 수 있다. 그리고 우물의 폐기 양상으로 보면 신라 멸망기에 규모가 급격히 축소된 것으로 보이며, 고려 전기 유물이 일부 확인되므로 그 무렵까지 일부 건물이 존속된 것 같다. 재매정택과 그 주변 유적에 대한 새로운 발굴, 연구로 신라사의 다양한 수수께끼가 풀리길 바란다.

신라사의 흐름이 반영된
장례 풍습의 변화

장골기

2006년 화장률이 매장률을 추월한 이래 주검을 화장하는 방식이 대세가 되었다. 보건복지부 통계에 따르면 2023년 3월 전국의 화장률이 92.1퍼센트에 달했다. 그해 초 정부는 화장 후 뼛가루를 산이나 바다에 뿌리는 산분장散粉葬의 제도화를 추진하겠다고 발표했다. 이제는 화장 이후에 대한 논의가 본격화하는 양상이다.

우리 역사에서 지금 정도는 아니지만 화장묘가 크게 유행한 시기가 있었으니 바로 통일신라 때다. 삼국통일 후 신라에서는 전통적 석실묘가 급감하고 약 2세기 동안 화장 풍습이 크게 유행했다.

거대한 파도처럼 신라를 휩쓴 화장 풍습은 언제 어떻게 시작되었고, 왜 사라졌을까?

'검소한 장례' 모범을 보인 문무왕

천년 고도 경주는 거대 무덤의 도시라 부를 만하다. 시내 곳곳에 동산만큼이나 큼지막한 무덤들이 즐비한데 대부분 마립간기 신라 지배층의 유택이고, 일부를 발굴한 결과 그 속에 금관을 비롯한 화려한 황금 장식이 다량으로 묻혔음이 드러났다.

그런데 법흥왕 때인 527년 불교가 공인되면서 신라의 전통적 무덤 양식이 변화를 겪는다. 석실묘가 본격적으로 도입되면서 무덤의 크기가 작아지고 부장품의 양이 급감한다. 그렇지만 이후 1세기 이상 석실묘의 수는 오히려 늘어났다. 불교 공인이 곧 화장묘 유행을 이끌지는 않았음을 보여주는 현상이다. 장례 풍습은 보수적이기 때문에 화장이라는 새로운 장례 방식을 선뜻 받아들이기 어려웠을 것이다.

신라에서 화장이 유행한 것은 불교가 공인된 지 약 150년이 지난 7세기 후반의 일이다. 새로운 유행에 불을 댕긴 인물은 문무왕이다. 그는 통일의 대업을 이룬 지 5년째 되던 681년 죽음을 맞았는데, 죽음을 예견하고 평소 믿고 의지하던 스님에게 "죽은 뒤 호국의 큰 용이 되어 나라를 수호하고자 하니 동해 바다에 장사 지내

석함과 뼈 단지로 구성된 통일신라 9세기 경 장골기. 석함(위) 표면은 다각으로 다듬고, 뼈를 담는 녹유 단지(아래 확대 사진)에는 꽃무늬를 새겨 넣었다. 일제강점기 도굴돼 일본으로 반출됐다가 환수된 다음 국보로 지정됐다. 석함 높이 43센티미터, 뼈 단지 높이 16.4센티미터. 국립중앙박물관 제공.

달라"라고 유언했다. 그리고 자신의 삶을 되돌아보고 나라와 백성을 생각하는 마음을 담아 글을 남겼는데, "아무리 영웅이라고 하더라도 죽으면 흙으로 돌아가니 헛되이 재물을 쓰거나 사람들에게 수고를 끼칠 필요가 없다. 궁궐 문밖 뜰에서 서쪽 나라 방식에 따라 화장하라"라고 하는 등 당시로서는 파격적인 내용을 담았다.

이 시점에 이르면 경주 분지에서는 여전히 석실묘가 만들어졌지

만 지방에서는 석실묘가 거의 사라졌다. 그 대신 야트막한 능선 정
상부나 양지바른 사면에 자그마한 장골기가 무리지어 묻힐 뿐이
었다. 이러한 현상이 국가 차원에서 문무왕의 유조遺詔에 따라 백
성들의 장묘문화를 마치 요즘의 '가정의례준칙'처럼 규제했기 때
문인지 혹은 불교가 백성들 사이에 뿌리내려 불교식 장례문화가
확산된 결과인지 분명치 않으나 전자일 가능성이 있다.

통일신라 왕은 문무왕부터 경순왕까지 27명이다. 이 가운데 고
려에 나라를 넘기고 개경에서 여생을 보낸 경순왕을 제외한다면
26명의 신라 왕이 경주에서 생을 마감했다. 《삼국사기》와 《삼국유
사》 등 역사서에는 그중 8명의 장례 때 화장이 선택된 것으로 기록
되어 있다.

당삼채 장골기에 담긴 뼛조각의 비밀

화장이라는 절차는 공통적이지만 뼛조각을 처리하는 방식은 서로
달랐다. 원성왕, 효공왕, 신덕왕의 경우 화장 후 땅에 묻었다고 하
고 효성왕, 진성여왕, 경명왕 등은 바다나 산에 뿌렸다고 한다. 화
장처로는 궁궐보다 사찰이 많았다. 역사 기록이 워낙 소략하여 신
라인들이 왕의 유해를 어떤 방식으로 화장하고, 어느 곳에 뼛조각
을 묻거나 뿌렸는지는 상세히 알기 어렵다. 경주 곳곳에서 발굴된
장골기가 신라의 화장 풍습에 관한 상세 정보를 제공해주고 있지

경주 조양동에서 출토된 8세기 당삼채 뼈 단지(왼쪽). 당시 최고급 수입품이었던 당나라 삼채를 사용했기 때문에 학계에서는 단지의 주인을 신라 왕이나 진골 귀족으로 보고 있다. 높이 16.5센티미터. 경주 북군동에서 출토된 기와집 모양의 8세기 장골기(오른쪽). 뼈 단지는 전해지지 않는다. 높이 43.3센티미터. 국립경주박물관 제공.

만, 중요 장골기는 대부분 도굴의 피해를 입은 것이어서 원래 어디에 어떤 모습으로 묻혔던 것인지 알 길이 없다.

다만, 1973년 경북 경주시 조양동 성덕왕릉 남쪽 야산에서 왕에 준하는 인물의 장골기 하나가 우연히 발견돼 그러한 아쉬움을 일부 달래주었다. 석탑 지붕돌처럼 생긴 석재 속에 8세기 무렵 당나라에서 들여온 당삼채 장골기가 들어 있었다. 뚜껑으로 사용된 동제 접시는 신라에서 만든 것이다. 근래까지 신라 유적 여러 곳에서 삼채가 출토됐지만 이에 버금가는 명품은 아직 확인되지 않았다.

그렇다면 당에서 수입한 고급 삼채 속에 담겼을 뼛조각은 누구의 것일까? 이 화장묘는 성덕왕릉, 효소왕릉 등 신라 왕릉에서 불과 500여 미터밖에 떨어져 있지 않은 데다 당시로서는 최고급 수입품이던 삼채를 장골기로 사용한 점, 석함까지 갖춘 특별한 구조라는 점을 함께 고려할 때 사회적 지위가 매우 높은 인물의 뼛조각일 공산이 크다. 학계에서는 원성왕을 그 후보로 특정하기도 하고, 원성왕은 괘릉에 묻힌 것으로 보면서 왕이 아닌 진골 귀족일 것으로 추정하기도 한다.

'호족의 시대'에 되살아난 매장 풍습

역사 기록과 근래 발굴 성과로 보면 9세기 후반의 신라는 새로운 변화의 소용돌이로 빨려들었음에 분명하다. 중앙의 집권력이 흔들리면서 지방 각지에서 스스로를 성주 혹은 장군이라고 부르는 사람들이 군웅할거하는 이른바 '호족의 시대'가 도래한 것이다.

그와 같은 사회 분위기 속에서 화장 대신 매장이 마치 복고풍처럼 되살아났으며 곧이어 매장에 대한 선호가 봇물 터지듯 폭발했다. 이후 전국 야산 곳곳에 매장 방식의 가족묘가 조성되어 불과 수십 년 전까지 그러한 전통이 강고하게 이어졌다.

이처럼 신라의 화장 풍습은 단순히 그 시대의 주검 처리 방식을 보여주는 데 국한하지 않으며, 신라사의 큰 흐름을 고스란히 담고 있다. 그럼에도 불구하고 신라의 화장묘와 화장 풍습에 대한 관심과 연구는 절대적으로 부족하다. 앞으로 신라 장골기에 대한 발굴과 연구가 진전되어 통일신라 문화의 다양한 면모가 구체적으로 밝혀지길 기대한다.

신문왕릉

흔히들 삼국통일을 이룬 신라 왕으로 문무왕을 지목하지만, 그의
아들 신문왕의 역할도 간과할 수 없다. 신문왕은 민심을 수습하고
새로운 나라로 나아가는 데 필요한 제도적 기틀을 마련했다. 하지
만 그는 681년 즉위 후 선왕의 장례를 채 마치기도 전에 위기를 맞
았다. 장인 김흠돌이 난을 일으킨 것이다. 다행히 난을 진압한 그
는 개혁 정치를 추진하며 여러 업적을 남겼지만 귀족과의 갈등이
라는 숙제를 남긴 채 692년 세상을 떴다.

 역사 기록이 자세하지 않아 그가 몇 세에 죽음을 맞았는지는 알

신라 신문왕과 관련된 추가적인 유물이 1942년 경주 황복사지 3층석탑에서 발굴되면서
황복사지 주변에서 신문왕릉을 찾으려는 노력이 활발해졌다. 당시 3층석탑에서 출토된
높이 12.2센티미터의 금제불좌상(왼쪽·국보)과 높이 14센티미터의 금제불입상(국보).
국립중앙박물관 제공.

수 없다. 다만 큰아들 효소왕이 6세의 어린 나이에 즉위한 점을 고려한다면 장수하지 못한 듯하다. 문무왕의 장례 과정에 대해서는 비교적 상세한 기록이 남아 있으나 신문왕에 대해서는 사서에 '낭산 동쪽에 장사 지냈다'는 짤막한 기록만 전한다.

그런데 이 기록과 달리 현재의 신문왕릉은 낭산 남쪽에 위치하므로 이 무덤에 신문왕이 묻혔을 것으로 여기는 학자는 매우 적다. 이 때문에 진짜 신문왕릉을 찾기 위한 발굴과 연구가 진행되고 있지만 아직 결정적 단서를 찾지 못했다. 도대체 신문왕은 어디에 묻힌 것일까?

조선 후기에 무덤 주인이 바뀐 대표 사례

935년 신라의 사직이 종언을 고한 뒤 옛 영화를 상징하는 궁궐과 역대 왕릉은 퇴락의 길을 걸었다. 유수와 같은 세월 속에서 화려하던 궁궐은 황량한 빈터로, 장엄하게 관리되던 왕릉은 수풀이 뒤덮인 모습으로 변했다.

그런데 조선 후기 경주에서는 신라 왕의 후손들을 중심으로 조상묘 찾기 열풍이 불었다. 그 과정에서 일부 무덤이 왕릉으로 '복권'되었지만, 또 일부는 무덤 주인공이 바뀌기도 했다. 그 시기의 왕릉 비정안이 지금까지 그대로 이어지고 있어 큰 논란을 낳고 있다. 신라 왕릉 가운데 주인공이 바뀐 대표 사례가 경주 배반동에 위치한 신문왕릉이다.

학계에서는 현 신문왕릉에 묻힌 인물로 신문왕의 아들 효소왕을 지목하는 견해가 유력하다. 이 견해의 핵심 근거는 《삼국사기》에 있다. 《삼국사기》를 지은 김부식은 효소왕의 장지와 관련하여 '망덕사 동쪽에 장사 지냈다'고 기록했다. 망덕사가 신라의 호국사찰 사천왕사의 남쪽에 위치함이 역사 기록 및 발굴 결과로 증명되었고 그 동쪽에 현 신문왕릉이 위치하므로 그 무덤의 명칭을 효소왕릉으로 수정해야 한다는 주장이다. 이 견해가 설득력이 있다는 점을 감안한다면 신문왕의 능을 다른 곳에서 찾아야 한다.

'황금 상자'에 새겨진 단서

신문왕의 장지를 해명할 단서는 1942년에 드러났다. 그해 5월, 조선총독부 학무국은 무너질 위험에 처한 경주 명장리와 구황리 소재 신라 석탑 2기를 개건改建하기로 결정하고, 6월 1일 공사에 착수했다. 먼저 명장리 3층석탑(용명리 3층석탑)부터 해체했는데 맨 아래 기단부 석재를 들어 올렸을 때 그곳에서 금동제 불상 2점이 출토됐다.

이어 6월 24일부터 구황리 3층석탑(황복사지 3층석탑) 해체를 시작했는데, 이틀 만에 놀라운 성과가 있었다. 6월 25일 일몰 시간이 가까워질 무렵 3층 탑신 아래에서 출토된 돌 뚜껑을 들어 올리

황복사지 3층석탑에서 발굴된 금동제 사리함과 은제 사리함, 금제 사리함(위쪽부터). 아래 사진은 금동제 사리외함의 뚜껑 내면 모습이다. 사리외함 중앙에 은제 사리함이 있었고, 그 안에 다시 금제 사리함이 있었다. 사리외함 뚜껑 안쪽에는 신문왕과 왕비, 그리고 두 아들에 대한 이야기가 적혀 있다. 국립중앙박물관 제공.

자, 2층 옥개석 상부에 파인 네모난 구멍 속에서 금동제 함이 발견된 것이다. 현장 책임자는 곧바로 유물을 수습하기로 하고 함 뚜껑을 살짝 열었다. 그랬더니 빗물로 보이는 탁한 물이 흥건한 가운데 황금빛 유물 여러 점이 눈에 들어왔다. 깜짝 놀란 그는 우선 들고 있던 함의 뚜껑부터 아래에서 대기하던 경주박물관장에게 건넸는

데, 그것을 뒤집어본 박물관장은 또 한 번 깜짝 놀랐다. 뚜껑 안쪽에 빼곡히 글자가 새겨져 있었기 때문이다.

나중에 해독한 결과 함 뚜껑에는 신문왕과 그의 왕비, 그리고 두 아들과 관련한 이야기가 적혀 있었다. 692년 신문왕이 승하하자 신목태후와 효소왕이 선왕의 명복을 빌며 탑을 세웠고, 700년과 702년에 신목태후와 효소왕이 차례로 세상을 뜨자, 706년에 이르러 그들을 추복하는 한편 성덕왕 대 왕실의 번영과 태평성대를 빌면서 불사리와 순금 미타상, 무구정광대다라니경 등을 봉안한다는 내용이었다. 이 기록으로 황복사가 신문왕의 능사 혹은 신라 왕실의 원찰이었을 공산이 커졌고, 신문왕의 능을 황복사지 주변에서 찾으려는 노력이 시작됐다.

진평왕릉 주인이 신문왕일까?

학자들은 우선 황복사지 석탑에서 동쪽으로 135미터가량 떨어진 논바닥을 주목했다. 그곳에 흩어진 석재 가운데 신라 왕릉에 쓰였음 직한 것이 다수 포함돼 있었기 때문이다. 1973년 그곳을 신문왕릉으로 보는 견해가 제기되어 학계의 지지를 받게 되면서 신문왕릉의 위치를 둘러싼 논의는 새로운 국면을 맞았다.

그러던 중 2017년 성림문화재연구원이 발굴 조사를 벌인 결과 반전이 일어났다. 조사단은 그곳이 신문왕의 능역이 아니며, 건축하다가 중단한 8세기대 가릉假陵이라고 설명했다. 석재 가운데 다수가 미완성인 점, 이곳에 있었던 것으로 보이는 십이지신상이 나중에 주변 건물을 만들 때 재활용된 점, 석실 관련 석재가 보이지 않는 점 등을 근거로 들었다. 이어 742년 승하한 효성왕을 가릉의 주인공으로 추정했다.

근래에는 황복사지에서 동쪽으로 500미터가량 떨어져 있는 현 진평왕릉을 신문왕의 능으로 특정하는 견해가 많아지고 있다. 낭산 동쪽에 위치하고 황복사지에서 무덤의 전모가 조망된다는 점이 입론의 근거다. 그러나 아직 그 일대는 발굴 조사가 전혀 이루어지지 않아 단정하기가 쉽지 않다.

이처럼 우리가 상식처럼 알고 있는 신라 문화 관련 정보에 오류가 존재할 가능성이 있다. 물론 역사 기록이 부족한 데 원인이 있지만, 오래된 오류를 적극적으로 찾아내 수정하려는 노력이 부족하기 때문일 수도 있다. 조선시대 문중 차원에서 이름 붙인 신라 왕릉들의 원래 이름을 되찾으려면 심기일전하여 발굴과 연구를 이어가야 할 것이다.

신
라
II

1500년 만에 세상에 나온
신라 왕의 유골

황남대총

《삼국사기》에 따르면 신라의 역대 왕은 56명이다. 그들 가운데 다수는 경주 곳곳의 거대 무덤에 묻혔겠지만 어느 무덤이 누구의 능인지 단정하기 어려운 경우가 많다. 조선 후기에 박 · 석 · 김씨 문중이 간략한 옛 기록에 근거해 왕릉으로 비정한 사례가 많았기 때문이다.

대릉원 일대에 즐비한 대형 무덤들 또한 전 미추왕릉을 제외하고는 관련 기록이 부족해 대부분 왕릉으로 비정받지 못했다. 높이 23미터, 길이 120미터 규모의 황남대총조차 무덤 주인공이 누구

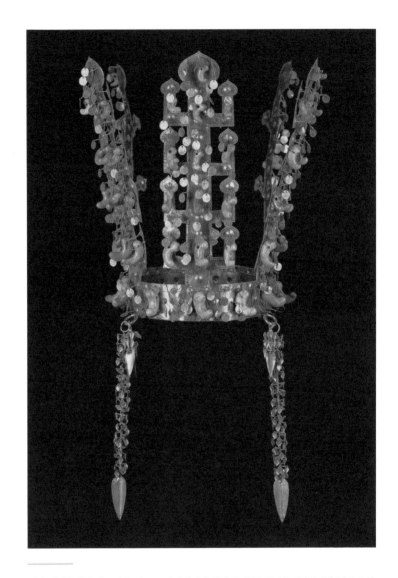

경주 천마총에서 출토된 높이 32.5센티미터의 신라 금관(국보). '山산'자형 4단 구조로 화
려함이 돋보인다. 국립경주박물관 제공.

인지 밝힐 수 있는 근거가 없었다.

그러던 차에 1970년대 초 이 무덤 발굴이 전격 결정됐다. 1971년 백제 무령왕릉 발굴을 지켜본 대통령이 황남대총(당시 98호분) 발굴을 지시한 것이다. 그러나 대통령의 지시에도 불구하고 발굴을 곧바로 시작할 수 없었다. 당시 우리나라의 기술로는 그토록 큰 무덤을 제대로 발굴하기 어려웠기 때문이다.

연습 삼아 발굴한 '기적의 천마총'

고민 끝에 문화재관리국은 황남대총 발굴에 앞서 인근에 위치한 155호분을 연습 삼아 먼저 파보기로 하고 1973년 4월 6일 발굴에 착수했다. 그렇지만 무덤 규모가 지름 47미터, 높이 12.7미터에 달해 작업이 만만치 않았다. 봉분 조사가 끝나갈 무렵인 7월 3일 발굴 현장을 찾은 대통령이 98호분 발굴에 조속히 착수하라는 지시를 내렸다.

그렇게 98호분 쪽으로 무게중심이 쏠리는 듯했지만 7월 25일 155호분에서 금관이 출토되면서 상황이 반전됐다. 비록 유골은 출토되지 않았으나 출토된 유물의 수준에 근거해 무덤 주인공을 지증왕으로 특정하는 견해가 제기됐다. 그런데 이것은 서막에 불과했다. 최고의 보물은 여전히 고고학자의 손길을 기다리고 있었다.

8월 22일 부장품 궤짝에 쌓인 말갖춤을 들어 올리자 그 아래에서 갈기를 휘날리며 하늘을 나는 모습이 담긴 천마도가 모습을 드러냈다. 자작나무 껍질 위에 찬연한 색조로 그려진 유려한 그림 2장. 천마도가 1500년 동안 원래의 모습을 온전히 유지하고 있었다. 돌무지와 흙더미로 구성된 봉분의 엄청난 무게를 견뎌낸 것은 실로 기적이라 하지 않을 수 없다. 이 무덤은 발굴 후 천마총이란 새 이름을 얻었다. 왕릉 발굴에 필요한 기술을 익히려 연습 삼아 파본 무덤이 일약 왕릉급으로 스포트라이트를 받으면서 학계에서는 황남대총을 굳이 발굴할 필요가 있겠냐는 볼멘소리까지 나왔다.

서역산 보석과 함께 묻힌 왕비

대통령의 지시를 어길 수 없어 조사단은 1974년 7월 7일 98호분 발굴의 첫 삽을 떴다. 98호분은 2기의 무덤이 남북으로 연접되어 표주박 모양을 띠고 있었다. 먼저 북쪽 봉분부터 파 들어갔지만 155호분을 함께 발굴해야 하는 등 여력이 부족해 봉분 조사에만 꼬박 1년 이상이 걸렸다.

10월 28일 조사원들의 손길이 마침내 목관 내부에 다다랐다. 목관 전체를 뒤덮은 검은 흙을 차례로 제거하자 금관, 금과 유리로 만든 목걸이, 금팔찌와 금반지, 금허리띠가 가지런히 모습을 드러냈다. 이튿날 이 사실이 언론에 보도되면서 무덤 주인공은 5세기대 신라 왕으로 확정되는 듯했다. 그러나 발굴이 끝나갈 무렵 은허

황남대총 북분에서 나온 은허리띠장식.
날카로운 도구로 새긴 '夫人帶부인대'란
글자가 또렷하다. 국립경주박물관 제공.

리띠장식에서 '夫人帶부인대'란 글자가 확인되면서 북분에 묻힌 인
물은 왕이 아닌 왕비일 가능성이 높아졌다.

발굴이 끝난 후 출토 유물 가운데 외국에서 들여온 명품이 다수
포함되어 있다는 사실이 밝혀졌다. 고구려산 금귀걸이, 서역산 보
석 장식 금팔찌, 중국 남조에서 들여온 청동다리미와 도자기, 동로
마와 페르시아산 유리그릇 등이 그것이다. 황남대총 북분은 한 번
무덤을 쓴 다음 다시 사람이나 물품을 추가로 묻을 수 없는 구조
다. 따라서 무덤 속 유물들은 왕비의 장례식 때 함께 묻힌 것이다.

황남대총 북분에서는 고구려와 중국은 물론이고 실크로드를 통해 수입된 서역 보석까지 세계 각지의 명품이 다수 출토됐다. 황남대총에서 나온 높이 7센티미터의 동로마산 유리잔(보물). 국립경주박물관 제공.

이처럼 세계 각지의 여러 공방에서 정성스레 만든 명품들이 한 공간에 묻힌 것은 발굴 역사에서도 매우 이례적인 일이다.

황남대총 주인은 내물왕? 눌지왕?

남분은 북분보다 한 달 늦게 발굴이 시작됐지만 우선순위에서 밀리면서 조사가 많이 지연됐다. 1975년 6월 30일, 조사원들의 손길이 비로소 목관 내부로 향했다. 북분에 묻힌 인물이 왕비일 공산이 커졌으므로 남분이 왕릉임은 더욱 분명해졌다. 따라서 머지않아 금관이 출토되리라는 점에 아무도 이의를 제기하지 않았다.

그러나 막상 금관이 묻혀 있을 것으로 예상한 곳을 팠을 때 그곳에는 금관이 없었다. 그 대신 금동관 조각이 흩어져 있었고 치아가 촘촘하게 박힌 하악골과 함께 금, 유리, 비취를 엮어 만든 장식품만이 드러났다.

더욱 당혹스럽게도 이튿날 대통령의 방문이 예정돼 있었다. 대통령 일정은 대외비였지만 조사단은 대략 짐작하고 발굴 현황에 대한 보고를 준비했다. 대통령의 방문 일정에 맞춰 금관을 공개할 계획이었는데 금관이 없으니 낭패였다. 설상가상 그날 아침 모 신문은 1면 톱기사로 "경주 황남동 고분에서 또 금관 출토"라는 오보까지 냈다.

오후 4시 대통령이 발굴 현장을 찾아 조사원들을 격려하면서 유골에 깊은 관심을 보이자 조사원들은 비로소 한시름 놓을 수 있었다. 금관의 빈자리를 1500년 만에 세상으로 나온 왕의 유골이 메워준 것이다. 전문가들이 치아를 감정한 결과 왕의 나이는 60세 전후로 추정됐다. 1970년대만 하더라도 인골을 터부시했기에 조사단은 이 유골을 다시 왕릉 속에 안장하기로 결정했다. 현재의 관점에서 보면 다소 아쉬움이 남지만 당시로서는 어쩔 수 없는 선택이었을 것이다.

황남대총에 묻힌 인물은 주로 내물왕 혹은 눌지왕이 거론되었으며 지금도 학계에서 열띤 논쟁이 벌어지고 있다. 논쟁 해결의 실마리가 될 수도 있었던 왕의 유골에 대한 상세 연구가 불가능해졌으므로, 이제 황남대총 주인공의 신원을 밝힐 길은 왕릉에서 출토된 수만 점의 유물에 대한 정치한 연구밖에 없다. 머지않은 시점에 관련 연구가 진척을 보여 우리 역사상 가장 큰 무덤에 묻힌 왕이 누구인지 밝혀지길 기대한다.

신라사의 수수께끼를 품은
생소한 이름의 무덤

서봉총

신라 천년 고도 경주에는 동산처럼 우뚝 솟은 무덤들이 즐비하다. 그곳에서 황금빛 찬란한 금관을 비롯하여 수많은 보물이 쏟아져 나왔다. 무덤마다 일련번호가 붙어 있는데, 중요 유물이 출토된 무덤은 별도의 이름으로 불린다. '서봉총'도 그러한 무덤 가운데 하나다.

금관총과 천마총이 각기 금관과 천마도가 출토되어 그리 불린다는 점은 널리 알려졌지만, 서봉총이라는 이름은 다소 생소하다. 이 무덤은 왜 원래 이름인 노서리(현 노서동) 129호분이 아닌 서봉총으로 불리게 되었으며, 언제쯤 축조된 누구의 무덤일까?

스웨덴 황태자가 이름 붙인 무덤

1926년 5월 조선총독부로 전보가 날아들었다. "경주에서 토사 채취 중 다수의 신라 고분 훼손"이라는 내용이었다. 현장으로 급파된 총독부박물관 직원들 눈앞에 참혹한 장면이 펼쳐졌다. 다수의 무덤이 이미 쑥대밭으로 변했고 유물들이 여기저기 나뒹굴고 있었던 것이다.

경주역 정차장 개축에 필요한 토사 채취 작업을 강행하려는 사업자 측과 그것을 막으려는 박물관 직원들 사이의 갈등이 첨예해진 상태였다. 이때 '기묘한' 아이디어 하나가 나왔다. 철도국 예산으로 총독부박물관이 노서리 129호분을 발굴하고 그곳에서 나온 토사를 정차장 공사에 쓰면 좋겠다는 안이었다. 머지않아 그 안이 채택되면서 역사적인 발굴이 시작됐다.

9월 중순, 봉분을 모두 제거하고 조사원들의 손길이 목관 범위로 접근했다. 금동신발을 필두로 망자의 머리 쪽으로 향하면서 금허리띠, 여러 재질의 팔찌와 반지, 목걸이, 그리고 금관이 차례로 모습을 드러냈다. 이 소식이 빠르게 일본으로 전해져 이벤트 하나가 기획됐다. 일본을 방문할 예정인 스웨덴 황태자를 발굴 현장에 초청하는 일이었다. 현장 책임자 고이즈미 아키오는 한 걸음 더 나아가 황태자가 직접 유물을 수습할 수 있도록 준비했다. 목관 내 유물을 수습하지 않고 흰 천과 판자로 덮은 채 귀빈 방문을 기다린

고이즈미 아키오와 함께 발굴 현장을 방문한 스웨덴 황태자가 금관을 수습하는 모습. 국립중앙박물관 제공.

것이다.

10월 10일 오전 10시, 황태자 일행이 현장에 도착하자 조사원들이 일사불란하게 판자와 천을 제거했다. 청명한 가을볕을 받으며 눈부신 금관이 드디어 공개됐다. 그 장면을 바라본 일행은 일제히 탄성을 터뜨렸다. 황태자는 오전에 금허리띠를 직접 수습한 데 이어 오후에는 고이즈미와 함께 금관을 들어 올렸다. 고이즈미가 무덤 이름을 지어달라고 요청하자 한문에 익숙한 황태자는 스웨덴의 한자식 표현인 서전瑞典의 '서'와 금관에 부착된 봉황 모양 장식에서 '봉'자를 뽑아 '서봉총'이라고 명명했다.

소재 확인이 필요한 서봉총 발굴 기록

발굴이 끝나갈 무렵 서봉총 남쪽에 또 하나의 무덤이 이어져 있음을 알게 됐다. 발굴 중인 무덤은 서봉총 북분이었던 것이다. 조사를 이어가려 했지만 남분 쪽에 민가가 있고 예산도 바닥나 아쉬움을 뒤로한 채 철수했다.

북분 발굴 성과가 워낙 좋았기 때문에 경주고적보존회를 중심으로 남분 발굴 필요성이 제기됐다. 그러나 발굴비가 발목을 잡았다. 그러던 차에 '귀인'이 나타났다. 영국인 금융가이자 중국 도자기 애호가였던 퍼시벌 데이비드가 발굴비를 기부한 덕분에 1929년 9월 3일 마침내 발굴에 착수할 수 있었다. 발굴에 한 달이 채 걸리지 않았는데, 결과는 기대에 크게 미치지 못했다. 북분에 비해 규모가 작았을 뿐 아니라 기대했던 화려한 유물은 출토되지 않았다. 이 무덤은 오랫동안 '데이비드총'으로 불렸다.

고이즈미는 이 발굴을 도약대 삼아 승승장구해 평양박물관장이 됐다. 그는 자신이 주도한 서봉총 발굴 기록을 모두 평양으로 가져 갔다. 그곳에서 발굴보고서를 쓸 요량이었지만 아무런 성과도 남

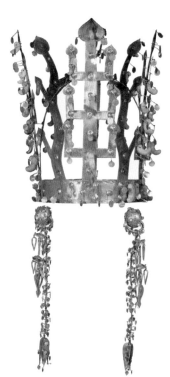

경주 서봉총 북분에서 출토된 신라 금관(왼쪽 사진은 정면, 오른쪽은 측면). 일제강점기 발굴 책임자였던 고이즈미 아키오는 평양에서 서봉총 전시회를 열면서 이 금관을 기생에게 씌우고 사진을 찍어 파문을 일으켰다. 국립중앙박물관 제공.

기지 않은 채 일제의 패망과 함께 일본으로 돌아갔다. 그 때문에 현재 국내에는 서봉총 발굴 기록이 제대로 남아 있지 않다.

　그가 평양박물관장으로 재직하던 1935년에는 서봉총 전시회가 열렸다. 전시회가 끝난 후 파티를 벌이면서 그는 금관을 비롯한 장신구 세트를 평양 기생에게 착장시킨 채 사진을 촬영하도록 했는데, 추후 그 사진이 신문에 공개되면서 큰 파문이 일었다.

고구려 '태왕' 지시로 만든 그릇

서봉총 출토품 가운데 금관만큼이나 학자들의 관심을 끈 유물이 있으니, 은합銀盒이 그것이다. 발굴 당시에는 주목받지 못했으나 몇 년 후 글자가 새겨져 있음이 확인되면서 이 그릇은 일약 서봉총 비밀 해명을 위한 핵심 유물이 됐다. 보존 환경이 건조해 녹 덩어리가 떨어지면서 드러난 글귀는 "연수 원년인 신묘년 3월에 태왕太王께서 하교하시어 합우合杅를 만들었는데 3근 6량을 썼다"는 내용이었다.

글귀가 발견된 1930년대 이후 최근까지 학계에서는 연수라는 연호를 쓴 태왕이 고구려 왕인지 혹은 신라 왕인지 논란을 벌이고 있다. 신묘년은 60년마다 돌아오므로 391년, 451년, 511년이 후보로 거론됐다. 여러 견해 가운데 장수왕 39년(451년) 고구려에서 만든 것으로 보는 견해가 가장 많은 지지를 받고 있다. 이 은합은 1946년 호우총에서 발굴된 415년 고구려산 청동호우와 더불어 고구려와 신라의 긴밀한 교류 양상을 직접적으로 보여준다.

학계에서는 서봉총 북분이 5세기 후반, 남분이 6세기 초에 축조되었고 북분에 묻힌 인물은 신라 왕의 직계 가족인 여성, 남분에 묻힌 인물은 그녀의 남편이거나 아들일 것으로 추정한다. 서봉총이 처음 발굴된 지도 어느덧 한 세기에 가까워지고 있고 국립중앙박물관이 서봉총 재발굴 결과를 공개했지만, 이 무덤에 대한 우리

서봉총에서는 글귀가 적힌 은합도 출토됐는데, 이 은합은 장수왕 대 고구려에서 만들어 신라로 보낸 것으로 추정된다. 국립중앙박물관 제공.

들의 이해도는 여전히 낮은 편이다. 서봉총 발굴 기록의 소재 확인 과 더불어 활발한 연구를 통해 서봉총에 투영된 신라사의 수수께 끼가 해명될 수 있기를 바란다.

금방울과 흙인형이 밝혀낸
어린 왕자

───────── 금령총 ─────────

지난 2024년은 경주 금령총 발굴 100주년이었다. 1924년 조선 총독부가 긴급 예산을 투입해 발굴한 이 무덤에서 국보로 지정된 기마인물형 주자注子, 보물로 지정된 금관과 금허리띠 등 신라사 해명에 귀중한 단서가 된 다양한 유물이 쏟아져 나왔다.

이 무덤은 신라 단독 무덤 가운데 가장 큰 봉황대 고분에 딸린 중형급 무덤인데도 왕릉 출토품에 준하는 수준의 유물이 대거 출토되었다. 이 무덤 주인공은 과연 누구이기에 그간 발굴된 신라 무덤 가운데 다섯 혹은 여섯 손가락에 꼽힐 정도의 고급 물품을 무덤에 가져갈 수 있었을까?

신라 금관 발굴 '특별 프로젝트'

1921년 9월 경주 노서리에서 세기의 발견이 있었다. 집주인이 건물을 신축하려고 땅을 파던 중 황금 유물이 드러났는데, 그것을 고고학자가 아닌 지역 문화계 인사들이 마치 고구마 캐듯 서둘러 수습했다. 그 과정에서 중요한 정보가 많이 사라졌지만, 단편적 기록으로 전해지던 '황금의 나라, 신라'가 사실임이 밝혀졌다.

경주의 문화계 인사들은 또다른 금관을 찾기 위해 발굴 대상지를 물색했다. 그들이 지목한 것은 봉황대 고분 남쪽의 폐고분 2기였다. 그들은 조선총독부에 발굴을 요청했지만 예산 부족으로 불가하다는 통보를 받았다. 그들은 물러서지 않고 1924년 4월 지방순시차 경주를 찾은 사이토 마코토 총독을 만나 무덤 발굴의 필요성을 역설했다. 봉분이 이미 훼손되었으므로 조금만 파면 금관총처럼 금관을 비롯한 유물이 쏟아져 나올 것이라는 솔깃한 주장이었다.

그들의 이야기를 들은 사이토가 발굴 조사를 지시하자 조선총독부는 조사팀을 꾸려 다음 달 바로 발굴에 착수했다. 총독부 직원들이 막상 발굴을 시작하고 보니 예상보다 쉽지 않았다. 유물이 묻힌 목곽과 목관이 지표 아래 깊숙한 곳에 자리하고 있었기 때문이다.

무덤 주인이 왕족임을 드러내는 금관, 금허리띠
와 함께 발견된 금방울. 여기서 금령총이라는 이
름이 유래됐다. 국립중앙박물관 제공.

5월 22일 정오, 금으로 만든 허리띠와 함께 금방울 2점이 드러
났다. 금허리띠는 금관총에서도 출토되어 발굴 가능성을 염두에
두었지만, 금방울은 매우 특이한 사례라 조사원들도 깜짝 놀랐다.
이 금방울로 인해 이 무덤은 나중에 금령총이라는 이름으로 불리
게 됐다. 5월 28일에는 기대하던 금관이 머리 위치에서 온전한 모

금령총에서 출토된 금관(왼쪽)과 그 아래쪽에
매달린 금방울. 국립중앙박물관 제공.

습으로 드러났다. 다만 금관총 출토품에 비해 크기가 작고 비취로 만든 곡옥이 부착되지 않은 간소한 모습이었다. 특이한 것은 금관 아래쪽에도 정교한 금방울이 매달려 있다는 점이었다.

국보가 된 기마인물형 주자

금방울과 금관 발굴의 여운이 채 가시지 않은 5월 29일 로만글라스 2점과 기마인물형 주자 2점이 출토되었다. 로만글라스는 지중해 연안 동로마 식민지에서 제작되어 실크로드를 통해 전해진 귀한 물품이고, 기마인물형 주자도 유례가 없는 특이한 유물이다.

1962년 정부는 기마인물형 주자를 국보로, 이듬해 금관을 보물로 지정했다. 당시 문화재위원들이 금관보다 기마인물형 주자의 가치를 더 높게 평가한 것은 이 토기들이 완벽한 조형미를 지녔을 뿐만 아니라 신라 생활사 해명의 결정적 단서가 될 것으로 여겼기 때문이다.

신라의 경우 고구려와 달리 고분벽화가 없어 신라인의 복식이나 생활 모습을 추정하기 어려운 실정이었는데, 기마인물형 주자는 그런 아쉬움을 상당 부분 해소해주었다. 특히 주인상은 누군가를 모델로 만든 듯 표정이나 복식, 말 장식에 이르기까지 매우 세밀하다.

신라 사람들은 왜 이처럼 특이한 토기를 만들어 무덤에 넣어둔

경주 금령총에서 발굴돼 국보로 지정된 기마인물형 주자. 의관을 갖춰 입은 주인상(왼쪽)과 그를 따르는 시종상이다. 완벽한 조형미와 세밀한 묘사도 훌륭하지만, 신라인들의 옷, 말 장식과 같이 신라 생활사를 가늠할 수 있다는 점에서 귀중한 유물이다.

걸까? 이 2점의 토기는 흙인형으로서도 가치가 있지만 그것이 전부가 아니다. 즉, 말의 몸통 속이 비어 있고 엉덩이 위쪽으로 액체를 담은 다음 앞쪽 주구로 따를 수 있는 구조를 갖추었다. 그렇다고 하여 일상생활에서 이 토기를 주자로 썼다고 보기에는 다소 어색하다. 통상의 주자와 달리 손잡이가 없고, 크기가 다른 토기 2점을 정교하게 만든 점으로 보면 장례용일 가능성이 더 클 것 같다. 주인상은 의관을 갖추어 입고 어디론가 가는 모습인데 표정이 어둡다. 그에 비해 시종상은 일상의 거친 옷을 입고 방울을 흔들면서 누군가를 안내하는 모습처럼 보인다. 이 무덤에서 출토된 금관과 금허리띠, 장식대도 등 유물 크기가 작은 점도 눈에 띈다. 학자들은 이 점에 주목해 무덤의 주인공을 어린 나이에 세상을 떠난 신라 왕자로 추정한다.

어린 왕자를 위한 성대한 장례

무덤 주인공의 신분을 가장 잘 보여주는 유물은 금관과 금허리띠다. 일제강점기 이래 발굴된 수천 기의 신라 무덤에서 금관은 5점, 금허리띠는 6점만이 출토되었는데 모두 왕의 직계 가족만이 제한적으로 소유하는 물품이었다.

학계에서는 금령총을 천마총과 비슷한 6세기 초에 만들어진 무덤으로 보고 있다. 그 시기의 신라 왕은 지증왕이고 그의 선왕은 소지왕인데, 두 왕의 능은 아직 확정되지 않았지만, 경주에서 가장 큰 무덤인 봉황대나 서봉황대 고분이 유력한 후보로 거론된다. 금령총은 그 가운데 봉황대 고분에 딸린 무덤이므로 소지왕 혹은 지증왕의 직계 가족일 가능성이 있다.

금령총 주인공이 어린 나이에 죽음을 맞이했음에도 불구하고 그의 가족들은 왜 이토록 성대한 장례식을 거행한 것일까? 불교가 공인되기 이전의 신라 사회에서는 사후에도 현세의 삶이 고스란히 이어진다고 여겼기 때문에 그가 생전에 사용한 물품과 함께 사후 사용할 물품까지 만들어 가득 넣어주었다. 신라 왕족들은 장례식 매뉴얼에 따라 무덤 터 선정부터 최종 제사에 이르기까지 정성스레 장례를 준비해 거행했을 것이다. 당시의 장례는 곧 정치 행위였기에 비록 어린 나이에 세상을 떴더라도 최고의 격조로 장례를 거행했을 것이다.

이처럼 금령총에서 드러난 다양한 유물은 지금과는 비교할 수 없을 정도로 화려한 신라 왕족의 장례 풍습, 그 시기 신라인의 모습, 공예 기술, 국제 교류의 양상을 품고 있는 소중한 사료다. 후속 연구를 통해 이 무덤에 깃든 신라 사회의 여러 면모가 차례로 밝혀지길 바란다.

주인을 찾지 못한 황금 장신구

신라는 흔히 '눈부신 황금의 나라'로 불린다. 신라에서 황금이 많이 난다는 옛 기록과 더불어 경주 분지 곳곳에 분포하는 거대 무덤 속에서 화려한 황금 유물이 쏟아져 나오기 때문이다. 지금까지 신라 고분에서 발굴된 귀금속 세공품 가운데 9건이 국보, 20건이 보물로 지정되었는데 대부분이 금관총, 황남대총, 천마총, 서봉총, 금령총 등 유명한 신라 왕족 무덤의 출토품이다.

20건의 보물이 어디서 출토되었는지 자세히 살펴다 보면 3건의 출토지가 조금 애매하게 처리되어 있다는 사실을 발견하게 되는

데, 1933년 경주 노서리의 신라 무덤에서 함께 출토되었다고 한다. 보물을 3건이나 토해낸 이 무덤은 왜 아직도 자신의 이름을 세상에 드날리지 못하고 있는 걸까? 그리고 이 무덤에 묻힌 인물은 언제쯤 세상을 뜬 누구이고, 3건의 보물은 어떤 가치를 지녔기에 대한민국 보물의 지위를 얻었을까?

호박씨 뿌리다 발견한 보물들

1933년 4월 3일, 경주 노서리 215번지에 살던 김덕언이 자신의 집 토담을 따라가며 호박씨를 뿌리려고 땅을 파던 중 돌이 여기저기서 나오자 차례로 들어냈다. 그러다가 그는 마치 태아처럼 생긴 곡옥曲玉 하나를 발견하자 호기심에 더 파 내려갔고 자신의 키 정도의 깊이에서 유물을 여러 점 찾아냈다.

뜻밖의 발견에 고민하던 그는 이틀 후 경주경찰서로 가서 금귀걸이 1짝, 은팔찌 1쌍, 금반지와 은반지 각 1개, 금구슬 33개와 곡옥 4개를 건넸다. 경주경찰서로부터 관련 내용을 보고받은 조선총독부는 조선고적연구회 조수 아리미쓰 교이치有光敎一를 현지로 파견했다.

경찰서에서 유물을 유심히 살펴보던 아리미쓰는 1쌍이어야 할 금귀걸이가 1짝만 있음에 의문을 품고 현장을 찾았는데, 그곳이 1920년대에 발굴된 금관총·금령총과 지근거리임을 알고는 발굴

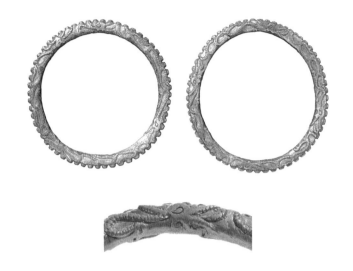

경주 노서리 고분에서 발굴한 신라 금팔찌(보물). 가장자리를 따라가며 돌기가 장식되어 있고 앞뒤 면에는 용 4마리가 조각되어 있다. 신라 팔찌 가운데 가장 화려하다. 지름 8.3센티미터. 아래 사진은 팔찌의 윗부분을 확대한 모습. 국립중앙박물관 제공.

조사를 진행하기로 했다. 조사는 4월 12일 시작해 8일 동안 신속하게 이루어졌다.

아리미쓰는 조심스레 목관 내부의 흙을 제거하다가 마침내 경찰서에서 보았던 것과 흡사한 금귀걸이 1짝을 비롯해 다수의 황금 장신구를 찾아냈다. 특히 그의 눈길을 사로잡은 것은 유려한 용무늬가 조각된 금팔찌 1쌍으로, 지금까지도 신라 최고의 팔찌로 손꼽히는 명품이다.

30여 년 타향살이 끝에 돌아온 유물

노서리 215번지 소재 신라 무덤에서 출토된 유물은 그제야 본래의 온전한 모습을 되찾은 듯했다. 그러나 예상치 못한 일이 벌어졌다. 김덕언이 신고한 유물은 경찰서를 거쳐 총독부박물관으로 넘겨졌지만, 아리미쓰가 발굴한 유물은 여기서 빠졌다. 1934년 9월 조선고적연구회 이사장이자 조선총독부 2인자였던 정무총감 이마이다 기요노리今井田淸德가 이 유물을 도쿄제실박물관(현 도쿄국립박물관)에 기증하기로 한 것이다. 이 결정으로 같은 무덤에서 출토된 유물 가운데 절반이 한꺼번에 일본으로 반출되었다.

이후 이 유물들은 30년 이상 '타향살이'를 하다가 귀국길에 올랐다. 1960년대 초반 한일 국교 정상화를 위한 사전협의 과정에서 우리 정부는 오구라 컬렉션 등 일본으로 반출된 문화재의 반환을 요구했지만 받아들여지지 않았다. 1965년 한일 양국이 합의한 '문화재 및 문화협력에 관한 협정'에 근거해 이듬해부터 반출된 유물 일부를 넘겨받았다. 이때 반환된 문화재에 노서리 215번지 고분 출토품이 포함됐다.

금귀걸이와 금목걸이는 국립박물관에 소장되어 있던 유물과 합쳐져 비로소 온전한 모습을 갖추었다. 당시 문화재위원회는 노서리 215번지 출토 유물 가운데 금팔찌, 금귀걸이, 금목걸이가 6세기 신라 황금문화를 대표하는 수작秀作이라는 점을 들어 각각 보물

신라 황금문화의 최전성기에 제작된 노서리 출토 황금귀걸이(보물·왼쪽)와 신라 6세기를 대표하는 금목걸이(보물). 귀걸이 1짝은 일제강점기에 일본으로 반출됐다가 30여 년 만에 환수됐다. 국립중앙박물관 제공.

로 지정했다. 그런데 금귀걸이는 이후 행정적 착오로 몇 년 동안 지정이 해제되었다가 다시 보물의 지위를 회복했다.

무덤 주인을 몰라 애매하게 붙여진 이름

광복 후 국립박물관은 경주의 신라 무덤 하나를 발굴하기로 했다. 김재원 관장은 일제 패망 후 출국 금지 상태로 서울에 머물며 박물관 일을 돕던 아리미쓰에게 발굴 대상지 추천을 요청했다. 아리미쓰는 과거 자신이 팠던 노서리 215번지 고분에 연접된 '노서동 140호분'을 추천했다.

이 무덤에서는 당초 기대했던 금관은 나오지 않았지만 고구려 광개토왕의 이름이 새겨진 청동그릇, 즉 청동호우靑銅壺杅가 출토됐고 조사단은 이 무덤에 호우총이라는 새 이름을 붙였다. 노서리 215번지 고분이 호우총 발굴의 도화선이 된 셈이다.

발굴 결과 노서리 215번지 고분이 먼저 축조된 다음 큰 시차 없이 호우총이 그에 덧대어 만들어졌음이 밝혀졌다. 이러한 양상으로 본다면 두 무덤에 묻힌 인물은 가족일 공산이 크다. 출토 유물의 구성으로 볼 때 호우총에는 남성, 노서리 215번지 고분에는 여성이 묻힌 것으로 보아도 무리가 없다. 학계에서는 호우총의 축조 시점을 6세기 전반의 늦은 시기로, 그곳에 묻힌 인물을 눌지왕의 아우인 복호卜好의 후손으로 추정한다.

그렇다면 그보다 조금 이른 시점에 세상을 뜬 여성은 누구일까? 구체적 추정은 어려우나 그녀가 지닌 금세공품 대부분이 신라 왕의 소유물에 필적하거나 그 이상이라는 점, 신라 왕족 사이에서 종

312

종 이루어진 근친혼 풍습 등을 아울러 고려한다면 그녀는 신라 공주였을 가능성이 있다.

이처럼 노서리 215번지 고분은 발굴 90주년이 지나도록 여전히 베일에 가려 있다. 다만 그곳에서 출토된 유물들만이 6세기 신라 황금문화의 탁월함을 웅변할 뿐이다. 활발한 연구를 통해 이 무덤이 품고 있는 신라사의 다양한 비밀을 풀어내고, 재발굴해 무덤의 정확한 구조를 밝히고 미처 확인하지 못한 유물까지 온전히 수습해야 할 것이다. 이 무덤이 노서리 215번지 고분이라는 이름을 벗어던지고 호우총이나 천마총처럼 멋진 새 이름으로 불릴 그날을 기다린다.

신라 무덤에서 나온
광개토왕 그릇

호우총

1946년 5월 3일, 국립박물관은 경북 경주시 노서리에서 신라 고분 발굴을 시작했다. 광복 후 실시한 첫 발굴이었다. 이때 출토된 고구려산 청동그릇 1점이 눈길을 끌었는데 바로 광개토왕의 이름이 새겨진 청동호우다. 호우란 고구려인들이 뚝배기처럼 생긴 그릇을 가리켜 부르던 이름이다. 해방정국이라는 어수선한 분위기에서 국립박물관은 왜 경주의 폐고분 발굴을 추진했을까?

314   신라 II

둥근 손잡이와 함께 표면에 선 무늬가 있는 전형적 고구려 청동호우. 바닥 면에 세로로 4줄에 걸쳐 16글자가 새겨져 있는데 여기에서 광개토왕의 이름을 확인할 수 있다. 국립중앙박물관 제공.

하나의 무덤처럼 보인 폐고분

1945년 8월 15일. 일제가 패망하자 미군정은 독일에서 고고학과 미술사를 공부한 김재원에게 총독부박물관 인수와 국립박물관 개관 업무를 맡겼다. 아울러 총독부박물관의 아리미쓰 교이치 주임에 대해서는 국립박물관 개관 때까지 업무 인계를 명분으로 출국을 금지했다. 그해 12월 3일, 새 박물관이 문을 열었지만 아리미쓰는 여전히 돌아가지 못했다. 그에게 '한국 연구자들에게 발굴 기술을 지도하라'는 새로운 임무가 부여되었기 때문이다. 그는 김 관장에게 경주 노서리 140호분을 발굴 대상으로 추천했다. 그간 신라 고분을 여러 번 발굴한 경험이 있고, 많은 유물이 출토될 가능성이 높다는 점을 이유로 들었다. 그런데 그에게는 이 무덤을 꼭 발굴하고 싶은 바람이 있었다. 1933년 그가 발굴한 노서리 215번지 고분이 140호분에 연접되어 있었던 것이다.

막상 발굴을 시작하려니 어려움이 한둘이 아니었다. 폐고분 위에 자리한 초가집 2채에 대한 보상이 지지부진했고 도쿄에 주둔한 연합군총사령부가 발굴은 시기상조라는 반대 의견서를 보내왔다. 이 모든 어려움을 가까스로 이겨내고 1946년 5월 2일 발굴에 착수할 수 있었다. 발굴을 시작해보니 140호분 속에는 무덤 2기가 들어 있었다. 남쪽이 호우총이고 북쪽이 은령총이다. 주민들이 집을 짓기 위해 두 무덤의 봉분을 깎아낸 다음 평탄하게 만든 탓에

① 호우총 주인공이 손가락에 끼고 있던 금반지. ② 신라 왕족이 사용한 청동제 이동용 소변기인 청동호자. ③ 허리춤에서 출토된 금동제 용무늬 큰 칼 장식. 국립중앙박물관 제공.

마치 하나의 무덤처럼 보였던 것이다.

발굴을 시작한 지 일주일째 되던 5월 9일 금동제 안장 부속구가 확인된 것을 시작으로 며칠 동안 무덤 주인공의 유해부에서 귀금속 장신구가 쏟아져 나왔다. 맨 처음 확인된 유물은 금동관이었다. 금귀걸이, 금팔찌와 은팔찌, 금반지, 용무늬가 조각된 큰 칼 등이 차례로 드러났다. 특히 금반지는 열 손가락에 모두 끼워져 있었다.

그릇에서 확인된 광개토왕릉비와 같은 글자체

발굴의 정점은 5월 14일이었다. 조사원들은 주인공의 발치 쪽에서 금동신발까지 찾아냈기에 머리부터 발끝까지 빼곡히 장식했던 중요 유물을 거의 다 수습한 줄 알았다. 그런데 주인공의 머리맡에 놓여 있던 청동그릇을 수습하면서 잠시 소동이 생겼다. 아리미쓰가 뚜껑을 먼저 수습한 다음 몸체를 들어 올리려 했으나 그릇이 무덤 바닥에 붙어 좀체 떨어지지 않았던 것이다. 사진 촬영을 전담하던 조사원이 대신 투입되어 두 손으로 그릇을 잡고 힘을 주니 그제야 들려 올라왔다. 그 장면을 지켜보던 조사원들은 그릇 바닥에 빼곡히 새겨진 글자를 확인하고 일순간 탄성을 내질렀다.

자세히 살펴니 '乙卯年國岡上廣開土地好太王壺杅十을묘년국강상광개토지호태왕호우십'의 16글자였다. '을묘년(415년), 3년 전 돌아가신 국강상광개토지호태왕을 추모해 만든 열 번째 그릇'이라는 뜻이다. '국강상광개토지호태왕'은 유명한 고구려 광개토왕이다. 글자체 역시 만주 벌판에 우뚝 솟아 위용을 자랑하는 광개토왕릉비와 같았다.

처음 발굴됐을 때만 해도 이 무덤 연대를 호우가 제작된 415년에서 그리 멀지 않은 시점으로 봤고 무덤 주인공도 고구려와 관련된 사람으로 여겼다. 특히 역사 기록에 등장하는 복호가 유력한 후보로 떠올랐다. 그는 신라 내물왕의 아들이자 눌지왕의 동생이며 412년에 고구려에 볼모로 가 있다가 418년에 신라로 돌아왔다. 그때 그가 호우를 가져왔고 그의 사후 무덤에 함께 묻혔을 거라 생각한 것이다.

그러나 지난 1세기 동안의 연구 결과 호우총은 415년에서 100년 이상 세월이 흐른 다음 축조된 것이 분명해지고 있어 호우총의 주인공을 복호로 보기는 어려워졌다. 호우총에 묻힌 인물이 금동관을 썼고 금팔찌나 용무늬가 장식된 큰 칼을 소유한 것으로 보면 신라 왕족 남성일 가능성이 매우 높지만, 누구인지 특정하기는 어렵다.

호우총 발굴은 비록 미군정하에서 일본인 고고학자의 도움을 부분적으로 받아 진행한 것이지만 우리나라 고고학 발굴의 역사에서 중요한 변곡점이 되었다. 무엇보다 이 무덤에서 발굴된 호우는 역사 기록이 부족한 한국 고대사의 여백을 채우는 데 크게 기여했다. 지금도 이 유물에는 여전히 밝히지 못한 수많은 수수께끼가 담겨 있다. 이 유물뿐만 아니라 함께 출토된 유물을 종합적으로 검토하고 있으니, 언젠가 호우의 비밀을 풀 수 있길 바란다.

금관

1921년 9월, 경주에서 신라 역사의 결정적 단서가 드러났다. 노서리의 한 식당 뒤뜰에서 건물 터를 파다 우연히 무덤이 드러났는데, 그 안에서 금관, 금귀걸이, 금허리띠 등 황금 유물을 대거 발견한 것이다. 특히 금관의 형태가 매우 복잡하고 화려했다. 역사 기록에만 전해오던 '눈부신 황금의 나라' 신라의 예술이 마침내 베일을 벗는 순간이었다. 이 무덤은 금관총이라는 이름을 갖게 됐다.

하마터면 금관이 세상에 알려지지 않은 채 영영 사라질 뻔했다. 집주인과 공사 관계자들이 땅속에서 노출된 황금 유물을 보고 신고를 망설이고 있을 때, 경주경찰서 순사가 들이닥쳤고 긴급 발굴로 이어졌다. 당시 많지 않던 고고학자들은 양산에서 발굴 중이었다. 그들 대신 비전문가들이 고구마 캐듯 유물을 수습해버렸다.

금관을 찾아라!

금관총에서 금관이 출토되자 조선총독부는 금관을 더 찾으려 했다. 1924년 총독부박물관은 금관총 주변에서 폐고분 2기를 발굴했고, 그 가운데 1기에서 금관을 또 하나 찾아냈다. 금관총 금관보다 크기가 조금 작고 장식도 간소한 편이었다. 바로 금령총 금관이다.

2년 뒤 서봉총 금관이 발굴됐다. 이 발굴에는 사연이 있다. 철도국이 경주역 기관차고 신축에 필요한 골재를 채취하다 다수의 신라 고분을 훼손했다. 이 문제가 불거지자 철도국은 박물관과 협의하여 폐고분 1기를 발굴하기로 했다. 철도국 예산으로 발굴하고 그 부산물로 나오는 자갈과 흙을 공사 현장에 쓰기로 합의한 것이다. 그들이 발굴 대상으로 점찍은 것은 금관총에 이웃한 폐고분이었다. 예상대로 금관총 출토품에 버금가는 수많은 유물이 쏟아졌다.

광복 이후 2점의 금관이 더 발굴됐다. 1971년 백제 무령왕릉이 발굴되자 대통령은 신라 고분 발굴을 지시했다. 그에 따라 발굴이 시작됐고 1973년에는 천마총, 1975년에는 황남대총 북분에서 연이어 금관이 출토됐다. 다만 당초 금관 발굴이 유력해 보였던 황남

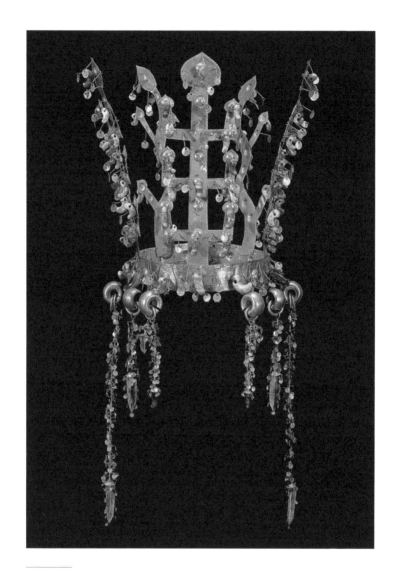

경주 황남대총 북분에서 출토된 신라 왕비의 금관(국보)으로 높이가 27.5센티미터에 이른다. '山산'자형 3단 구조로 균형미가 돋보인다. 국립경주박물관 제공.

대총 남분에서는 금관이 출토되지 않아 발굴단을 당혹하게 만들었고, 때마침 현지를 찾은 대통령의 불호령을 염려했으나 무사히 지나가 안도하는 일도 있었다.

거듭된 도굴과 반출 위기

신라 유물 가운데 금관은 발굴 당시부터 워낙 잘 알려져 훔치려는 시도가 많았다. 가장 유명한 것은 금관총 금관 절도 미수 사건이다. 1927년 11월 10일 밤, 금관이 보관되어 있던 경주박물관 금관고에 도둑이 들어 금허리띠와 유리목걸이를 훔쳐 달아났다. 금관까지 손을 대려 했으나 전시장 문이 열리지 않아 포기했다. 경찰의 대대적 수사에도 단서를 찾지 못했지만 이듬해 수사망이 좁혀오자 범인은 경찰서장 관사 앞에 유물이 담긴 보자기를 슬며시 내려놓고 사라졌다.

서봉총 금관은 1935년 평양박물관 전시회에 출품됐다. 이 전시회가 끝난 후 당시 박물관장이던 고이즈미 아키오가 파티를 열고 기생의 머리에 금관을 씌운 채 사진을 찍어 공분을 샀다. 1949년 5월에는 국립박물관에 도둑이 들어 전시된 서봉총 금관을 훔쳐 달아났지만 다행히도 그것은 모조품이었다.

일제강점기 때 금관이 일본으로 반출될 수도 있었으나 다행히도 3점의 금관 모두 국내에 남았다. 신라의 지방인 양산 부부총에서 출토된 금동관, 금귀걸이, 금동신발 등 유물은 보고서 작성을 빌미로 일본으로 반출되어 지금도 도쿄국립박물관에 소장되어 있고, 조선고적연구회가 발굴한 유물 가운데 상당수는 '학술 연구'라는 명목으로 반출되었으며 대부분 소재조차 알려져 있지 않다. 그럼에도 불구하고 금관이 반출되지 않은 것은 천운이라 하겠다.

실제로 쓰기 힘든 금관의 비밀

금관은 발굴 이래 오랫동안 신라의 왕관으로 알려졌다. 그런데 1990년대 초 국립박물관 최종규 학예관은 금관이 장례 용품일 가능성을 제기했다. 무덤에서 출토되는 금관의 특이한 모습 때문이었다. 그는 금관이 마치 데스마스크처럼 망자의 머리 전체에 씌워진 채 발견되었음을 상기시켰다.

1990년 후반 경주박물관에 근무할 때 일이다. 어느 날 금관을 자세히 살펴볼 요량으로 금관을 전시장 밖으로 옮겨보려 애를 써보았지만 쉽지 않았다. 금관의 금판이 너무 얇아 자꾸 휘어지려 했기 때문이다. 이토록 취약한 금관을 실제 신라 왕이 썼을지 의문이 생겼다. 또한 금관에 조각된 무늬를 살펴보다 깜짝 놀랐다. 제작 과정에서 장인이 실수한 듯한 흔적을 금관 여기저기서 찾을 수 있었다. 신라 왕이 생전에 이 금관을 보았다면 장인에게 경을 쳤을 것이라는 생각이 들었다.

황남대총 북분에서 출토된 금관은 신라의 전형적 금관 5점 가운데 가장 이른 시기에 제작
된 것이다. 비취 곡옥과 금관의 색채가 멋진 조화를 이룬다. 국립경주박물관 제공.

　금관에 대한 호기심이 꼬리를 물고 일어나 한동안 금관 연구를
이어갔다. 그 결과 금관 소유자 가운데는 성인 남성도 있지만 성인
여성, 소년도 포함되어 있음을 확인했다. 금관은 신라 왕의 전유물
이 아니라 신라 왕의 직계 가족이 소유할 수 있는 물품이었던 것
이다.

금관총 금관이 발굴된 지 한 세기가 다 되었지만 여전히 금관의 비밀은 다 풀리지 않았다. 신라 금관은 세계의 다른 금관에 비해 장중함이나 신비로움에서 탁월함을 보여준다. 유사한 금관이 아직 다른 나라에서 출토된 적이 없으므로 금관은 신라인이 예술혼을 오롯이 담아 만든 것임에 분명하다.

그러나 신라인들이 왜 그런 형태의 금관을 만들어 망자의 머리 전체에 씌워주었는지, 금관에 주렁주렁 매달린 곡옥은 무엇을 상징하는지, 왜 6세기 중엽 이후 금관이 갑자기 사라졌는지 등 아직 풀지 못한 문제가 여전히 쌓여 있다. 관련 연구를 통해 그런 비밀의 실타래가 조금씩 풀려 금관에 대한 이해가 깊어지길 소망한다.

───── 새 날개 모양 관식 ─────

신라는 4세기까지만 하더라도 그리 대단한 나라가 아니었지만, 5세기 이후 거대한 왕릉을 만들고 영역을 확장하는 등 새로운 면모를 보였다. 그럼에도 불구하고 당대 사람들은 신라가 훗날 가야, 백제, 고구려를 차례로 꺾고 한반도의 패자가 되리라고는 전혀 생각하지 못했을 것이다.

한반도의 동남쪽에 치우친 작은 나라 신라는 주변국의 끊임없는 위협 속에서 국가의 안위를 지켜냈고, 일일신우일신日日新又日新이란 말처럼 성장을 거듭해 최후의 승자가 됐다. 그 힘은 어디서 나왔을까? 학계에서는 변화무쌍한 외교력을 신라의 '최종 병기'로 평가한다. 신라가 벌인 탁월한 외교력의 실체는 무엇일까?

신라 지배층에서 인기 끈 고구려 스타일 '조우관'

4세기 후반 신라는 더 큰 세상을 향해 힘찬 날갯짓을 시작했다. 고구려의 도움을 받아 북중국의 패자 전진에 사신을 보낸 것이다. 신라 사신 위두는 전진 왕 부견 앞에서 "해동의 사정이 예전과 달라졌다"며 자국의 성장 사실을 당당히 알렸지만 그의 말에는 다소 과장이 섞여 있었다.

그 시기의 신라는 아직 강국이 아니었기 때문에 강국들과 외교 관계를 맺어 나라를 지키려 했다. 무엇보다 국경을 접한 고구려의 지원이 꼭 필요했다. 신라는 신속臣屬 관계라는 굴욕을 감수하면서라도 고구려에 의지하기로 했다. 기대는 적중했다. 400년에 이르러 백제·가야·왜 연합군의 공격으로 위기에 처한 신라를 고구려가 구원한 것이다. 광개토왕이 파견한 5만 군사의 위력은 상상 이상이었다. 경주를 에워싸고 공격을 벌이던 세 나라 연합군은 고구려군과 대적하자마자 패퇴해 거의 궤멸되었다.

이후 고구려군이 반세기가량 경주에 주둔하면서 신라는 걱정거리를 더는 듯했다. 그러나 문제가 생겼다. 고구려의 내정 간섭이 심해져 급기야 왕을 시해하는 지경에 이른 것이다. 신라는 새로운

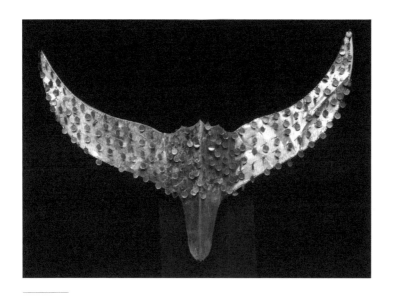

황남대총 남분(왕 무덤)에서 출토된 5세기 금제 관식(보물)으로 일명 조우관. 원래 고구려 인들이 선호했는데 신라로 건너오면서 지배층의 위세를 상징하는 물품이 됐다. 국립경주 박물관 제공.

돌파구를 모색해야 했다. 433년 신라는 백제와 혼인동맹을 맺은 후 과감히 고구려와 관계를 끊었다.

당시 사정은 유물에 고스란히 투영되어 있다. 4세기 후반 신라 고분 속에 조금씩 묻히던 고구려계 문물은 5세기에 이르러 수량이 급증한다. 그 시기 왕과 왕비의 무덤인 황남대총에서는 전쟁에서 쓰였음 직한 각종 철제 무기와 마구, 고구려에서 수입한 귀금속 장 신구와 제기가 다량 출토되었다. 그 가운데 특히 고구려인들이 선호하던 조우관鳥羽冠(새 날개 모양의 관)은 당시 신라 지배층 사이에서 자신들의 위세를 상징하는 물품으로 여겨져 크게 유행했다.

신라에 일방적으로 전해진 백제 문화

고구려라는 올가미에서 벗어난 신라는 백제, 가야와 친밀한 관계를 유지했다. 그에 따라 한반도 중남부에는 한동안 평화의 기운이 감돌았고 고구려의 단발적 위협에 공동보조를 취했다. 475년 고구려가 백제를 공격해 한성이 함락되었을 때 신라가 군사 1만을 파견해 돕자 백제는 나제동맹의 위력을 실감했다.

무령왕 대에 이르러 백제는 갱위강국更爲强國을 표방하며 한강 유역 수복 의지를 다졌고 그러한 움직임은 성왕 대에도 이어졌다. 백제 단독으로는 한강 유역 수복이 어려웠기 때문에 성왕은 신라의 도움을 얻기로 하고 비밀협정을 맺었다. 전쟁에서 이기면 한강 하류는 백제가, 상류는 신라가 가지기로 한 것이다. 그러나 신라는 약속을 지키지 않았다. 백제의 몫이었던 한강 하류까지 차지해버렸다. 진흥왕은 실리를 위해 동맹을 깨뜨렸고 뒤이어 관산성 전투에서 승리를 거둬 백제를 패망의 위기로 내몰았다.

나제동맹 이래 신라는 1세기가량 백제를 매개로 중국과 교섭했을 뿐만 아니라 백제의 선진 문물과 제도를 적극 수용해 국가 체제를 갖춰나갔다. 평화를 구가하던 시기에도 신라는 늘 한강 유역 진

경북 상주 청리 고분에서 나온 6세기 백제 양식의 청동제 허리띠 부속구는 신라가 선진 문물과 제도를 백제로부터 수용한 것을 보여준다. 국립경주박물관 제공.

출을 위해 칼을 갈고 있었지만 백제는 그 야심을 눈치채지 못했다.

그 무렵의 두 나라 관계를 보여주는 유물이 간간이 발굴되고 있다. 백제 유적에서는 신라산 유물이 간혹 출토될 뿐이지만 신라 유적에서는 백제 양식의 허리띠장식이 다수 출토되고 있어 백제 문화가 신라에 일방적으로 전해진 분위기를 잘 보여준다.

7세기 신라를 휩쓴 당나라 문화

한강 유역을 차지한 신라는 더 큰 꿈을 꿨다. 그것은 바로 삼한일통을 이루는 일이었다. 신라 정치를 주도하던 김춘추는 당나라의 힘을 빌리기로 하고 바다를 건넜다. 그는 당 태종 이세민을 만난 자리에서 당나라 복식을 사용하고 싶다며 요청했고 이세민은 흔쾌히 허락했다. 김춘추가 귀국한 649년 신라는 당나라식으로 복식을 고쳤다. 실제로 그 무렵의 신라 유적에서는 당나라풍 유물이 쏟아져 나온다. 특히 경주에서 발굴된 토용土俑(흙으로 만든 허수아비)은 당시 모습을 생생히 보여준다.

1986년 6월, 용강동 석실분에서 무덤 주인공의 유해를 안치하는 데 쓰인 석제 베개, 어깨받침, 발받침 등이 발견된 데 이어 여러 점의 채색된 토용과 청동제 십이지신상 등이 차례로 드러났다. 남녀 토용 모두 당나라풍 옷을 입은 모습으로 표현되어 있었다. 이듬해 5월, 황성동 석실분에서도 자그마한 토용이 출토됐다. 남자상은 용강동 토용과 마찬가지로 당나라풍의 옷을 입고 있었으나 여인상은 전통적인 옷을 입고 있어 대조를 보였다.

토용은 원래 중국에서 순장 대용품으로 만들던 것이지만 신라에서는 순장이 금지된 지 150여 년이 지난 후 당 문화를 전폭적으로

신라 II

경주 용강동 석실분에서 나온 문관 토용은 서역계 인물의 생김새를 띠고 당나라풍 옷을 입고 있어 신라 깊숙이 들어온 당나라 문화를 보여준다. 국립경주박물관 제공.

수용하면서 만들기 시작했다. 단순히 의복 디자인만을 바꾼 것이 아니었다. 복식의 변화는 오랜 전통을 버리고 새로운 문화를 전폭적으로 수용하겠다는 의지를 드러내는 신호탄이었다.

이처럼 신라는 변화무쌍한 외교력을 통해 생존했고 끝내 승리를 거머쥐었다. 자국에 이익이 된다면 오랜 우방과도 과감히 절연했고 구원舊怨이 있는 적과의 동맹도 결코 머뭇거리지 않았다. 신라가 삼한일통을 이룬 것은 명분보다 국익을 최우선 가치로 여겼기 때문일 수도 있다. 신라 유적 곳곳에서 발굴된 다양한 계보의 외래 유물은 그 옛날 신라의 고민과 실천을 생생히 보여주는 듯하다.

삼국시대 권력과
외교 관계를 읽는 단서

───────── 금귀걸이 ─────────

2022년 12월 경주 황남동 120호분 발굴 성과가 언론에 공개됐다. 5세기 후반에 만든 이 무덤에서 금귀걸이, 허리띠 등이 정연한 모습으로 출토됐다. 학계에서는 귀걸이의 맨 위쪽 고리가 가늘다는 점에 주목해 무덤 주인공을 신라 귀족 남성으로 추정했다. 신라 귀걸이는 주로 맨 위쪽 고리가 가는 경우 남성, 굵은 경우 여성의 것으로 간주하기 때문이다. 이처럼 삼국시대 무덤에서 흔히 출토되는 금귀걸이는 무덤 주인공의 성별을 파악하거나 사회적 지위를 추정할 때 주요 근거가 된다.

금귀걸이는 지난 1세기 동안 삼국시대 유적에서 1000여 점이 출토되었는데 특정 시기의 패션 아이템으로서 당대인의 미감을 잘 반영할 뿐만 아니라 그것의 제작과 소유를 통해 권력의 탄생, 외교 관계의 추이까지 보여준다. 한국 고대사 해명에 결정적 단서를 제공한 대표 귀걸이에는 어떤 것이 있고, 그것을 통해 밝혀진 새로운 사실은 무엇일까?

김포에서 나온 3세기 부여 금귀걸이

2009년 8월 경기 김포 운양동의 3세기대 마한 유력자 무덤에서 마치 손톱처럼 생긴 황금 장식이 출토됐다. 그 시기의 마한 묘에서 황금 장식이 출토된 사례가 없었을 뿐만 아니라 국내에서 그러한 형태는 처음으로 드러난 것이었다. 그래서 조사원들은 그 장식의 용도를 밝히느라 어려움을 겪었다.

한 달 뒤 현장을 찾은 전문가들은 그 장식이 만주 쑹화松花강 유역에서 종종 출토되는 부여 귀걸이와 매우 유사하므로 귀걸이로 보는 것이 좋겠다는 의견을 제시했고, 그럴 경우 한반도에서 가장 오래된 금귀걸이에 해당한다고 설명했다. 그 내용이 언론을 통해 대서특필되자 일부 학자들은 이 금제품이 귀걸이가 아니라 손톱에 덧씌운 장식일 것이라는 반론을 폈다.

수년간의 논쟁을 거쳐 현재는 "3세기경 부여에서 만들어 마한으

경기 김포에서 출토된 마한의 3세기대 금귀걸이. 만주 쑹화강 일원 부여에서 만들어 마한으로 전해진 것으로 추정된다. 국립중앙박물관 제공.

로 전해진 귀걸이로, 마한과 부여의 교류를 보여주는 증거"라고 설명하는 의견이 설득력을 얻고 있다. 또한 근래 한반도 중부 지역의 마한 시기 유적에서 부여계 유물들이 속속 발견됨에 따라 마한 지역으로 파급된 부여 문화에 대한 이해가 깊어지고 있다.

백제 귀걸이가 보여주는 대외 교류

삼국시대 귀걸이 가운데 국보는 4쌍에 불과하다. 그 가운데 3쌍이 1971년 충남 공주에서 우연히 발굴된 백제 무령왕릉 출토품이다. 523년 세상을 뜬 왕의 귀걸이가 1쌍, 526년 세상을 뜬 왕비의 귀

공주 무령왕릉에서 출토된 왕비의 금귀걸이 여러 쌍 가운데 1쌍이다. 둥근 고리 아래로 2줄씩 수식이 걸려 있다. 짧은 수식 중간에 유리구슬이 끼워져 있어 특이하다. 국립공주박물관 제공.

걸이가 2쌍이다. 이 귀걸이들은 주인이 밝혀진 데다 여타 귀걸이와 비교할 수 없을 정도로 정교한 공예 기술이 구사되어 국보로 지정되었다.

왕의 귀걸이는 신라적 색채를 일부 수용하여 백제 공방에서 만든 것이며, 맨 아래쪽에 하트 모양 장식이 달려 있다. 그런데 1짝에 수리 흔적이 남아 있어 이 귀걸이가 장례 용품이 아니라 왕의 생전 '애착' 장신구임을 알 수 있다. 왕비의 귀걸이는 한성기 이래의 귀걸이 양식을 계승해 만든 것이며 유리구슬이 끼워져 있어 이채롭다.

이 3쌍의 귀걸이는 백제 금속공예의 정수일 뿐만 아니라 백제의 대외 교류 양상을 잘 보여주는 자료라는 점에서도 눈길을 끈다. 즉, 왕의 귀걸이와 유사한 것이 일본 구마모토현에서, 왕비의 귀걸이와 유사한 것이 일본 시가현과 경남 합천에서 각각 출토된 바 있다. 모두 백제 왕실공방 소속 최고의 장인이 만든 작품이며, 외교 관계에 수반해 정치적으로 밀접한 관계를 유지한 대가야와 왜로 전해진 사례이다.

석실묘에서 원형을 지켜낸 신라 귀걸이

백제에 무령왕 부부의 귀걸이가 있다면 신라에는 경주 보문동 합장분 출토 국보 귀걸이가 있다. 1915년 7월 도쿄대 교수 세키노 다다시關野貞 일행이 발굴한 이 무덤에는 적석목곽묘와 석실묘가 하나씩 들어 있었다. 그 가운데 국보 귀걸이는 석실묘에서 출토됐다.

세키노 일행이 무덤 벽을 뚫고 들어가자 바닥 곳곳에 무덤 주인공의 뼛조각들과 함께 목관 손잡이, 금동 및 은 팔찌가 있었고 석실로 진입할 때 무너져 내린 흙무더기 아래에서 금귀걸이 1쌍이 발견되었다. 귀걸이는 표면에 금실과 금 알갱이를 가득 붙여 화려

경주 보문동 합장분 석실묘에서 출토된 신라의 금귀걸이. 국립중앙박물관 제공.

하게 꾸민 명품이었다. 신라 귀걸이는 적석목곽묘에서 주로 출토되다 보니 돌무더기가 무너져 내리면서 대부분 찌그러졌다. 반면에 이 귀걸이는 석실묘에서 출토되어 완벽한 모습으로 보존될 수 있었던 것이다.

보문동 합장분은 6세기 중엽 경주에 살던 신라 사람들이 적석목곽묘 대신 석실묘를 쓰기 시작하던 시점에 만든 무덤이다. 그런데 보문동 국보 귀걸이에 후속하는 금귀걸이가 아직 신라 유적에서 발굴되지 않았다. 그 이유는 밝혀지지 않았으나 불교가 공인되는 등 거대한 사회 변화의 흐름 속에 황금 장신구 제작이 급감했거나 율령 반포 이후 국가 차원에서 귀금속 사용을 통제했기 때문일 가능성이 있다.

사회 지배층의 표상, 황금 장신구

이처럼 우리 역사에서 삼국시대 사람들은 황금 장신구, 특히 금귀걸이를 선호했다. 그 이유는 무엇일까? 그 시대의 거대 무덤에서 출토되는 황금 장신구는 무덤 주인공의 사회적 지위를 표상하는 바로미터였을 공산이 크다. 그들은 자신들이 지배층의 일원임을 가시적으로 드러낼 수 있는 금귀걸이를 얻기 위해 노력했던 것으로 보인다.

그 시기의 금귀걸이는 대부분 각 나라의 왕도 소재 관영공방에서 최고의 장인들이 만든 것이며, 국내를 넘어 정치적으로 밀접했던 주변국으로도 전해졌다. 대체로 고구려에서 신라로, 백제에서 가야와 왜로 파급되는 양상인데 이는 역사 기록에 보이는 국제 관계의 추이와 부합한다.

근래 삼국시대 금귀걸이에 대한 연구가 정밀해지고 있다. 귀걸이의 재질을 과학적으로 분석하고, 각 나라의 귀걸이 형태를 비교 분석하는 연구도 많아지고 있다. 머지않아 금귀걸이에 스민 고대사의 수수께끼가 조금 더 구체적으로 해명될 것이다.

신라 사람들의 삶이 담긴
'19금' 흙인형

황남동 토우

신라 고분에서는 수많은 유물이 쏟아져 나온다. 황남대총이나 천마총 등 신라의 왕릉급 무덤에서 수만 점씩 유물이 출토되므로 그것을 제대로 정리하는 데 수십 년도 부족할 지경이다. 그러나 신라 고분에서는 고구려 벽화나 백제 묘지석처럼 무덤 주인에 대한 이야기가 담긴 유물이 많지 않아 고고학자들을 안타깝게 한다. 그나마 아쉬움을 달래는 유물이 흙인형(토우土偶)이다.

신라 흙인형은 일제강점기 경주 황남동에서 무더기로 수습된 것을 시작으로 현재 조사가 진행 중인 경주 쪽샘지구 고분군에 이르기까시 지속적으로 발굴됐다. 투박한 모양에 얼핏 보면 대충 만든 것 같지만 여기에는 역동적인 신라인의 삶이 고스란히 담겨 있다. 5~6세기 자그마한 고분에서 주로 출토된 신라 흙인형에는 어떤 비밀이 숨어 있을까?

에로틱한 흙인형의 출현

1926년 5월 20일 조선총독부로 전보가 1통 날아들었다. 경주 황남리(현 황남동)에서 신라 무덤 여러 기가 훼손된 채 발견됐다는 내용이었다. 급히 현지로 파견된 총독부 직원들 눈앞에 펼쳐진 모습은 참혹했다. 무덤 일부가 잘려나간 가운데 여기저기 토기가 나뒹굴고 있었다.

당시 일제 철도국은 현 천마총 주변에 경동철도 경주정차장을 건설하기로 하고 대지 조성에 필요한 토사를 주변에서 조달하려 했다. 공사 대상지 주변에는 황남대총, 천마총 등 거대 고분이 즐비했으나 무덤들 사이는 밭으로 경작 중이었다. 그들이 밭을 파서 토사를 채취하기로 하고 인부를 동원해 땅을 파던 중 무덤 다수를 훼손한 것이다.

총독부 직원들은 공사를 중지시키고 서둘러 유물을 수습했다. 출토 유물 대부분은 파손된 토기였는데 그중 눈길을 사로잡는 유물이 섞여 있었다. 크기가 5센티미터도 채 안 되는 작은 조각들이

있는데 남녀의 성기가 지나치게 강조된 데다 외설적 자세까지 취하고 있었다.

매끈한 토기에 부착된 투박한 장식

1973년 정부가 경주 황남동에 미추왕릉지구 정화 사업을 추진함에 따라 현 대릉원 일대에서 대대적인 발굴이 벌어졌다. 경북대박물관 조사팀은 C지구 발굴에 투입됐다. 조사 구역의 겉흙을 걷어내자 여러 기의 작은 무덤들이 빼곡히 자리해 있었다. 그중 30호 묘라 이름 붙인 무덤은 자그마했는데 내부에서 목이 길쭉한 토기 1점이 모습을 보였다. 바로 국보 '토우 장식 장경호'가 발굴되는 순

국보 '토우 장식 장경호'. 1973년 현 경주 대릉원 일대에서 발굴된 높이 34센티미터의 이 항아리에는 사랑을 나누는 남녀, 임신부, 새, 거북, 뱀 등의 토우가 장식돼 있다. 국립경주박물관 제공.

간이었다.

이 토기의 어깨와 목에는 다양한 장식이 붙어 있다. 개구리와 거북, 뱀, 새 등 동물들이 있고 그 사이에 조용히 앉아 현악기를 연주하는 임신부, 그리고 주변 시선을 고려하지 않은 채 열정적 사랑을 나누고 있는 남녀가 있다. 모두 알몸이며 여성은 무릎을 꿇고 뒤를 보며 미소 짓고 있고 남성은 그 뒤에서 성기를 드러낸 채 꼿꼿이

서 있는 모습이다. 전체 구도는 마치 캔버스에 그린 그림처럼 여러 인물과 동물이 유기적으로 배치돼 있다. 토기는 여타 토기처럼 잘 만들어졌지만 부착된 장식물은 손가락으로 쓱쓱 빚어 대충 만든 것처럼 보인다. 그러나 이러한 거친 터치가 오히려 자연스러움과 강렬한 느낌을 불러일으킨다.

이처럼 외설적 장면이 표현된 토기를 누가, 무슨 이유로 망자의 안식처에 묻어주었을까? 학자들은 신라 사회에 만연한 개방적 성 풍속의 산물로 보기도 하고, 다산과 풍요를 희구하며 만든 제사용 그릇으로 해석하기도 한다.

왕자의 저승길에 함께한 토우

통상 신라 흙인형은 그릇 뚜껑이나 몸체에 부착된다. 이와 달리 경주 금령총에서 출토된 흙인형 2점은 독립 조형품이자 술이나 물을 담을 수 있는 주자注子로서의 실용성을 갖추고 있어 특이하다.

1924년 5월 10일 조선총독부박물관 직원들은 총독의 지시를 받아 경주 노동리에서 폐고분 발굴을 시작했다. 이 무덤이 바로 금령총이다. 발굴은 속전속결로 진행돼 불과 보름 만에 무덤 주인공의 유해부에 도달했고 당초 기대했던 금관을 발견했다. 그런데 금관 못지않게 눈길을 끈 것은 2점의 토기였다. 이 2점의 기마인물 상은 형태가 꽤나 다르다. 관을 쓰고 갑옷을 입은 주인은 좀더 크

기마인물형 주자 주인상(높이 26.8센티미터·왼쪽)과 시종상(높이 23.4센티미터). 6세기 초 만들어진 이 토기는 신라 왕자와 시종의 모습을 형상화한 것으로 추정된다. 국립중앙박물관 제공.

게, 평상복을 입은 시종은 조금 작게 만들었다. 그런데 주인상의 얼굴을 보면 신라의 여타 흙인형과 달리 마치 누군가를 모델로 한 것처럼 정교하다.

학자들은 주인상의 실제 모델이 무덤에 묻힌 인물일 것으로 추정하고 있다. 그런데 금령총은 봉황대 고분에 딸린 왕족묘다. 출토 유물의 구성이나 황금 장신구의 크기가 작은 점 등으로 보아 무덤 주인은 어린 나이에 세상을 뜬 신라 왕자로 추정된다. 이러한 견해를 받아들인다면 신라 왕은 아들의 명복을 빌면서 당대 최고 장인을 시켜 왕자와 그를 수행할 시종의 모습을 제기로 만들게 했을 수도 있다.

5세기 이후 신라는 괄목상대라는 표현이 어울릴 정도로 크게 성장했다. 고구려의 간섭에서 벗어나 백제와 손잡고 영역을 확장했다. 이 무렵 경주로 모여든 각지의 물산을 토대로 신라 왕경인(수도에 거주하는 사람)들은 거대한 무덤을 만들고 수많은 물품을 묻었다. 그런데 같은 시기 자그마한 무덤에서 주로 출토되는 흙인형을 보면 5~6세기 신라 사람들은 지위고하를 막론하고 매우 역동적 삶을 살았던 것 같다. 흙인형에 표현된 솔직한 성 표현, 희로애락의 모습이 실생활을 그대로 반영하는 것인지 다소 논란이 있지만 그 모든 것을 상상의 산물로 보기는 어렵다. 지금까지 발굴된 흙인형에 다양한 조명이 더해져 아직 미지의 영역인 마립간기麻立干期(4~5세기) 신라사 해명의 빗장이 풀리길 바란다.

실크로드를 거쳐 신라까지 온
유리 제품

로만글라스

신라는 '황금의 나라'라는 애칭으로 불린다. 신라 유적에서 황금 유물이 쏟아져 나오기 때문이다. 그 옛날에도 신라 황금은 유명했다. 이웃한 왜인들은 신라에서 금은이 많이 난다며 부러워했고, 멀리 서역에서 신라를 찾아온 한 이방인은 견문록에 신라에 금이 너무 흔해 개목걸이까지 금으로 만든다는 이야기를 적었다.

그런데 신라 사람들이 황금보다 귀히 여긴 것이 있었으니 동로마산 유리그릇, 즉 로만글라스다. 투명한 몸체에 컬러풀한 무늬를 갖춘 데다 형태 또한 이국적이어서 뭇사람들이 선망하는 물품으

1973년 경주 천마총에서 출토된 푸른빛 유리잔. 유리잔인데도 파손 없이 발굴돼 보물로 지정됐다. 국립경주박물관 제공.

로 자리매김했겠으나 이역만리에서 들여온 것이라 누구나 가질 수는 없었다.

동아시아 전체에서 보더라도 신라처럼 다수의 로만글라스가 집중적으로 출토되는 사례는 없다. 이 점에 주목한 일본의 한 연구자는 신라 왕족이 동로마에서 왔다는 파격적 주장을 펼쳐 큰 논란을 일으키기도 했다. 신라 고분 속 로만글라스는 누가 가져왔고, 어떤 용도로 쓰였을까?

금관총에서 처음 나온 '로만글라스'

국내에서 로만글라스가 처음 선보인 것은 1921년 금관총 발굴 때였다. 금관총은 경주 노서리에서 건물을 지으려고 터를 파던 중 금관이 발견되면서 알려졌다. 아쉬운 점은 비전문가들이 고구마 캐듯 유물을 파냈기에 로만글라스의 정확한 출토 양상을 알 수 없다는 것이다. 3년 후 조선총독부 직원들이 금령총 내부에서 금관을 노출하던 중 이웃해 있는 깨진 로만글라스 2점을 발견했다. 그간 신라 고분에서 발굴된 수십 점의 로만글라스는 대부분 금령총처럼 망자의 머리 가까이에서 출토됐다. 이러한 양상으로 보면 로만글라스는 무덤 주인공의 애장품 가운데 하나였음에 틀림없다.

1973년에는 내물왕 혹은 눌지왕의 왕비 무덤으로 추정되는 황남대총 북분에서 로만글라스와 함께 페르시아산 커트글라스가 출토됐다. 왕비의 유해에는 금관, 금귀걸이, 금팔찌와 금반지, 금허리띠 등 황금 장신구가 풀세트로 착장됐고 그 주변에서 고구려, 중국 남조, 동로마와 페르시아에서 들여온 물품이 출토됐다. 평소 왕비가 애지중지하며 자신의 보물 상자에 넣어두었음 직한 명품들이다.

1985년에는 유일하게 4세기 후반까지 소급되는 로만글라스가 발굴됐다. 경주 월성로 가-13호분 발굴품인데, 이 유물은 하마터면 세상에 모습을 보이지 못한 채 사라질 뻔했다. 그해 봄 경주시는 환경미화 차원에서 월성로의 아스팔트를 다시 포장하고 좌우에 매설된 하수관을 교체하기로 했다. 시공업체가 중장비로 땅을 파헤치는 과정에서 몇 점의 토기 조각이 드러났다. 다행히도 국립경주박물관 연구원이 길을 지나다 그 장면을 목격해 발굴로 이어졌다. 발굴 결과 공사 부지에서 56기의 신라 무덤이 확인됐고, 그 가운데 가-13호분의 경우 일부만 발굴됐음에도 불구하고 로만글라스와 함께 신라에서 가장 오래된 금귀걸이와 금드리개, 장식대도, 말 재갈 등이 출토됐다.

문물 교류를 보여주는 신비의 유리구슬

1973년 여러 대학 박물관이 연합해 경주 대릉원 주차장 부지 발굴에 착수했다. 그 가운데 영남대박물관이 조사를 담당한 곳은 C구역이었다. 겉흙을 제거하자 조사 구역 곳곳에서 적석목곽묘가 확인됐다. 그 가운데 4호분 내부를 노출하던 중 무덤 주인공의 머리 쪽에서 금귀걸이 1쌍이 드러났고 그 주변에서 목걸이 부품이 흩어진 채 발견됐다. 현장 조사 책임자는 유물 분실을 우려해 서둘러 사진 촬영을 끝낸 다음 유물을 수습했다. 저녁 때 현장 숙소에서 발굴 단원이던 학생 1명이 원상과는 상관없이 단지 안전하게 보관할 목적으로 낚싯줄로 구슬을 엮어 목걸이를 만들었다. 이튿날 이 목걸이는 국립경주박물관으로 옮겨졌고 얼마 지나지 않아

1973년 경주 미추왕릉지구 C구역 4호분에서 발굴된 상감유리옥(왼쪽). 바닥에 흩어진 구슬을 목걸이 형태로 임시로 엮은 것이다. 무늬가 새겨진 남색 유리구슬(동그라미 안)만 수입품이고 나머지는 신라산이다. 남색 유리구슬에는 사람 4명의 얼굴이 새겨져 있다. 구슬을 선물한 로마 왕, 불교의 보살상 등 인물의 정체를 놓고 의견이 분분하다. 국립경주박물관 제공.

그 모습 그대로 보물로 지정됐다.

이 목걸이 가운데 특히 눈길을 끄는 것은 각종 무늬가 표현된 남색 유리구슬이다. 둥근 구슬 표면을 따라가며 하얀 얼굴에 빨간 입술을 가진 네 사람이 배치돼 있다. 머리에 보관을 쓴 것처럼 보이고 인물들 사이에는 새, 구름, 나무가 표현돼 있다. 작은 유리구슬에 새겨진 이토록 정교한 도안은 유리공예 기술의 정수를 보여준다.

이 구슬의 제작지를 동로마로 보는 견해가 많지만 동남아시아로 추정하는 견해도 있다. 학계에서는 구슬에 표현된 인물을 둘러싸고 논란이 있다. 일본의 한 유리공예 전문가는 "로마문화권의 한 지역을 통치하던 왕과 그 가족일 가능성이 크고 그 왕이 자신의 가족 얼굴을 새겨 신라 왕에게 선물했을 것"이라고 주장했다. 그러한 주장이 설득력을 얻으려면 이 구슬이 신라의 왕릉이나 그에 준하는 무덤에서 출토돼야 하지만 실제 이 구슬이 출토된 곳은 소형 묘이고 함께 출토된 유물 모두 신라산이다. 따라서 문물 교류의 산물로 보는 것이 자연스럽다.

실크로드를 통한 국제화

오랜 세월 동서양은 교류 없이 제각기 발전했다. 동서양 교류의 물꼬를 튼 중요한 사건이 실크로드 개척이다. 그 길을 통해 오랜 세월 끊겨 있던 동서 문화의 큰 줄기가 비로소 합쳐질 수 있었다. 그때 신라 사람들도 동서 문화 교류에 적극적으로 참여했음을 신라 고분 속 로만글라스가 웅변한다. 그들은 주변국 사람들과 더불어 서로 경쟁하듯 해외로 나갔고, 그들의 발길이 멀리 서역까지 도달했을 수도 있다. 그 결과 신라 문화는 그 어느 시대보다도 국제적 성격을 띠게 되었으리라 짐작할 수 있다. 아직 구체적인 연구가 적기 때문에 세부적인 의문들이 여전히 남아 있다. 심지어 외래 유물을 근거로 유목 민족이나 로마 사람들이 신라로 건너와 신라 왕족이 됐다고 추정하기도 한다. 앞으로 발굴과 연구가 진전되어 신라 유적과 유물에 쌓인 신라사의 거대한 실타래가 풀리길 소망한다.

가
야

금관가야를
역사의 무대에 올린 발굴

─────────── 대성동 고분군 ───────────

가야는 하나로 통합되지 못한 채 크고 작은 여러 나라가 분립하다
가 신라에 차례로 복속됐다. 서기 4세기까지는 금관가야가, 5세기
이후에는 대가야가 가야연맹을 이끌었다. 이 가운데 금관가야에
관한 연구는 워낙 미진해 이 나라가 언제 세워져 언제 멸망했는지
조차 제대로 설명하기 어렵다. 《삼국유사》에 인용된 가락국기에는
수로왕이 서기 42년에 왕이 됐고 532년에 구형왕(또는 구해왕)이
신라에 항복했다는 소략한 기록이 있지만 그마저 발굴 성과와 부
합하지 않기 때문이다.

금관가야에 대해 얘기할 때 경남 김해 대성동 고분군이 차지하는 비중은 절대적이다. 흔히들 금관가야에 대한 연구 수준은 대성동 고분군 발굴 이전과 이후로 나뉜다고 말한다. 금관가야를 신화의 영역에서 역사의 무대로 옮겨준 대성동 고분군은 어떻게 발굴되었고, 이 발굴을 통해 어떤 사실을 알게 되었을까?

밭 아래 숨겨진 거대 목곽묘

금관가야 왕릉을 찾으려는 노력은 일제강점기에 본격화했다. 조선총독부는 임나일본부설(일본이 고대에 한반도 남부를 지배했다는 주장)을 증명하고자 가야 왕릉을 찾기로 하고 김해 곳곳을 샅샅이 뒤졌다. 하지만 이미 알려진 수로왕릉을 제외하고는 아무런 흔적도 찾지 못했다. 오랜 공백을 거친 다음 1980년대 후반에 다시 금관가야 왕릉을 찾으려는 시도가 있었다. 신경철 교수가 이끄는 경성대박물관 조사단은 왕릉이 있을 법한 김해의 능선 몇 곳을 선정해 파보기로 했다. 1987년과 그 이듬해, 김해평야 한가운데에 자리한 칠산동에서 발굴을 진행했는데 무덤 119기를 찾아냈지만 모두 규모가 작고 부장품도 빈약했다.

두 번째 후보지는 구지봉에서 그리 멀지 않은 대성동의 야트막한 구릉이었다. 구릉 곳곳이 밭으로 경작 중이었는데 봉분의 흔적은 전혀 남아 있지 않았고 가야 토기 조각만이 채집될 뿐이었다.

바람개비 모양 청동 장식(지름 12센티미터). 대성동 13호분에서 출토된 6점 가운데 하나다. 대성동 2호분에서도 유사한 청동 장식이 1점 출토됐다. 경성대박물관 제공.

1990년 6월 12일, 조사원들은 조사 구역에 좁고 길쭉한 도랑을 파며 유적의 존재 여부를 확인했다. 몇 시간이 채 지나지 않아 심상치 않은 흔적들이 드러났다. 장방형 구덩이의 윤곽이 확인된 것이다. 긴 것은 길이가 8.5미터, 너비가 4.8미터나 됐다. 경주를 제외한 영남 각지에서 좀처럼 볼 수 없는 큰 규모였다.

조사 구역 전체 흙을 제거한 다음 확인하니 구덩이는 3개였다. 구덩이 2개가 한 목곽묘의 주곽과 부곽이었고, 다른 구덩이 하나는 단독의 목곽묘였다. 두 무덤 모두 도굴 피해를 입었지만 많은 유물이 출토됐다. 두 무덤에서 모두 쇠로 만든 갑옷과 투구, 말갖춤, 무기와 농기구, 그리고 철기의 소재가 쏟아져 나왔다. 1호분에서는 순장자 인골 5구와 함께 소뼈가 확인됐다. 2호분 출토품 가운데 주목받은 것은 일본 고훈시대 무덤에서 종종 출토되는 바람개비 모양 청동 장식이었다. 조사단은 이 2기의 무덤이 4세기 말 혹은 5세기 초에 축조된 것으로 추정했다.

발굴 소식을 비밀에 부치려 했지만 어느 틈엔가 조금씩 새어나가 발굴 현장은 학자들로 문전성시를 이루었고, 발굴이 채 끝나지 않은 7월 초 "금관가야 왕릉 첫 발굴"이라는 제목으로 발굴 성과가 여러 언론에 대서특필됐다. 나라가 없어진 후 누구의 보살핌도 받지 못해 퇴락의 길을 걸었고 끝내 지표상에 아무런 흔적도 남기지 못한 금관가야 왕릉들에 새로운 조명이 가해지는 순간이었다.

신화를 뒤흔든 '왕족 이주설'

같은 해 9월부터 시작한 2차 발굴에서 37기의 크고 작은 무덤이 확인되었다. 가장 주목받은 29호분은 길이 9.6미터, 너비 5.6미터에 달하는 대형분이며, 가야 고분 몇 기가 이 무덤을 파괴하고 만들어진 관계로 보존 상태가 나빴다.

그럼에도 불구하고 무덤 속에는 많은 유물이 남아 있었다. 서쪽에는 항아리가 동서 6열, 남북 8열로 정연하게 놓여 있었고 동쪽

청동솥(높이 17.8센티미터). 대성동 47호분에서 출토됐다. 동복이라고 불리는 이 솥은 북방 유목민이 즐겨 사용한 그릇이다. 이 솥을 근거로 부여 왕족이 김해로 이주해 금관가야를 세웠다는 주장이 나왔다. 경성대박물관 제공.

에는 목관 받침으로 쓰인 91점의 쇠도끼가 깔려 있었던 것으로 추정된다. 쇠도끼는 철기의 소재인 동시에 시장에서 화폐처럼 쓰인 중요 물품이었다. 이 무덤 발굴의 하이라이트는 토기도 철기도 아닌 이색적 풍모의 청동솥이었다. 동복銅鍑이라 불리는 이 솥은 유목민이 유제품을 끓이거나 의례를 거행할 때 사용한 그릇이며 만주 일원에서 만든 것으로 보인다.

대성동 고분군이 처음 발굴되었을 때만 해도 금관가야의 왕족 묘역을 찾았다는 점, 무덤의 형태와 유물의 격으로 보아 김해에 임나일본부가 존재했을 가능성이 사라졌다는 점에 주목했으나 동복 출토 이후에는 금관가야 왕족의 출신이 새로운 관심사로 떠올랐다.

발굴 책임자인 신경철 교수는 동복과 함께 북방 지역과 유사한 장례 습속 몇 가지를 제시하며 부여 왕족이 3세기 후반경 김해로 이주하여 금관가야를 건국했다고 주장했다. 또한 이 고분군에서 5세기 초 이후의 대형분이 확인되지 않는다고 하면서 금관가야가 서기 400년 고구려-신라 연합군과의 전쟁에서 패한 다음 다른 곳으로 본거지를 옮겼기 때문이라고 추정했다.

여전히 논쟁 중인 학계

이 학설은 가야사 연구에 파란을 일으켰다. 그간 학계에서는 《삼국유사》 가락국기를 일정 부분 활용하면서 연구를 진행해왔는데, 왕족 이주설은 그와 달리 금관가야의 건국을 늦추었을 뿐만 아니라 5세기 초에 금관가야가 멸망한 것으로 보았다. 이 논쟁은 지금도 지속되고 있다.

대성동 고분군 발굴과 연구는 지난 30여 년간 꾸준히 진행되었다. 그 결과 아직 논란의 여지가 있지만 근래에는 3세기 후반 이후 새로운 집단이 이주해 금관가야를 건국했다기보다 삼한 시기의

용무늬 장식 금동제 말띠꾸미개(지름 6센티미터). 대성동고분박물관이 2012년 발굴한 91호분에서 출토된 말갖춤 중 하나다. 용무늬가 새겨진 이 유물은 선비족 왕족이 세운 전연前燕에서 들어온 것으로 추정된다. 대성동고분박물관 제공.

구야국이 금관가야로 발전했을 것으로 보는 견해가 차츰 많아지고 있다. 금관가야의 성장 배경으로 활발한 대외 교류 혹은 교역을 지목하기도 한다. 그러나 금관가야를 둘러싼 여러 수수께끼는 여전히 풀리지 않는 숙제로 남아 있다. 새로운 발굴이 이어져야 금관가야의 실체가 좀더 분명히 드러날 것이다.

────────── 지산동 고분군 ① ──────────

가야의 고도古都라 하면 흔히 경남 김해를 떠올린다. 금관가야의
시조 김수로왕과 허황후의 능, 수로왕 탄생 신화가 스며들어 있는
구지봉, 궁궐터인 봉황대 등 곳곳에 자취가 남아 있기 때문이다.
실제로 가야 여러 나라 가운데 가장 강력한 존재는 경북 고령의 대
가야였다. 금관가야를 중심으로 한 초기 가야연맹이 5세기 초반
이후 고구려의 침입으로 타격을 입고 신라문화권으로 편입된 후
낙동강 서쪽의 여러 가야가 고령의 대가야를 중심으로 다시 연맹
체를 이루었다. 대가야는 5세기 이후 가야의 맹주가 돼 국제무대

산 정상부에 열지어 축조된 대가야 지배층 묘역, 지산동 고분군 전경.

를 누비는 강력한 모습을 보였다.

　그럼에도 불구하고 고령에는 대가야의 위상에 걸맞은 기념물이나 신성한 공간이 제대로 전해지지 않는다. 오직 지산동 산정에 무리 지은 거대한 무덤들만이 그 옛날 대가야의 영광을 웅변할 뿐이다. 일제강점기부터 이 무덤들에 관심을 갖기 시작했지만 실체가 드러난 것은 1970년대 이후이다.

임나일본부설을 입증하려다 유물만 빼돌린 일제

그 옛날 고령 사람들은 마을 뒷산에 있는 거대한 무덤 하나를 금림

왕릉錦林王陵이라 불렀다. 조선 초기《신증동국여지승람》에 그리 기록되었으니, 그 연원은 더 거슬러 올라갈 수도 있다. 하지만 가야에 관한 역사 기록이 워낙 부족하다 보니 대가야에 금림왕이 실제로 있었는지조차 알 수 없다.

일제강점기인 1939년 조선총독부 외곽 단체인 조선고적연구회가 이 무덤을 콕 집어 발굴했다. 당시 지산동 고분군에서 가장 큰 무덤이었고 39호분이라는 번호가 붙어 있었다. 발굴 이유는 다름 아닌 일본이 고대에 한반도 남부를 지배했다는, 이른바 '임나일본부설'을 그럴듯하게 만들려는 용도였다. 일제는 김해나 함안에서 임나일본부의 흔적을 찾지 못하자 시선을 고령으로까지 돌렸던 것이다.

무덤에서 황금 장신구와 금동제 화살통 부속구, 용과 봉황 장식이 있는 환두대도環頭大刀 등 화려한 유물이 쏟아졌다. 당시 기록에는 발굴 유물을 조선총독부로 보냈다고 적혀 있는데, 현재 국립중앙박물관에 남아 있는 것은 화살통 부속구와 환두대도에 불과해 다른 유물의 행방은 알 길이 없다. 조선고적연구회 발굴품 가운데 학술 연구 목적이라는 미명으로 일본으로 반출된 사례가 많다는 점을 고려하면 이 무덤 출토품 또한 그리되었을 가능성이 있다. 발굴자인 아리미쓰 교이치 등은 발굴 시점보다 한참 뒤인 2003년에 간략한 보고서를 발간했는데, 무덤 주인공을 신라 이찬(신라 17관등 중 2관등)의 딸과 결혼한 대가야 이뇌왕異腦王으로 추정했다.

가야

고령 지산동 고분 중 가장 큰 무덤으로 꼽히는 39호분에서 출토된 유물들. 왼쪽 사진은 지산동 환두대도의 일부분이고, 오른쪽은 높이 16.6센티미터의 금동제 화살통 부속구로 표면에 용무늬가 여럿 새겨져 있다. 국립중앙박물관 제공.

가야 사회 순장의 흔적

지산동 고분군 발굴사에서 가장 특별했던 무덤은 1977년에 발굴된 지산동 44호분과 45호분이다. 당시 정부는 가야문화권 유적 정화 사업을 실시했고 이 사업에 지산동 고분군 봉분 보수 건이 포함됐다. 우선 훼손이 극심한 2개의 고분을 발굴하기로 결정했다.

발굴을 맡은 경북대와 계명대 조사팀은 토층 확인용 둑을 남기면서 조심스레 파 들어갔다. 두 무덤 모두 한가운데 유해와 부장품을 안치하려고 만든 큰 석실이 있었고 그 주변에서 자그마한 석곽이 하나둘씩 차례로 드러났다. 소형 석곽은 44호분에서 32기가, 45호분에서 11기가 확인됐다. 조사원들은 석실과 석곽이 동시에 만들어졌다는 사실을 확인하고 소형 석곽에서 인골들을 수습했다. 44호분에서 출토된 백제산 청동그릇과 일본 오키나와산 야광패夜光貝(자개 등에 쓰인 소라껍데기)로 만든 국자 조각은 당시 대가야의 외교 수준을 보여주는 중요 자료다.

조사단이 특히 주목한 것은 소형 석곽에서 수습한 인골들이었다. 그중 44호분 인골에 대한 감정 결과는 놀라웠다. 22구의 인골 가운데 다수는 20, 30대 남녀였지만 50대 남녀와 10대 이하 여아도 포함돼 있었다. 한 석곽에 남녀가 포개어 묻히기도 했고 여아 2명이 합장된 사례도 있었다. 후속 연구에서 지산동 44호분은 6세기 전후 축조된 대가야의 왕릉이고 소형 석곽에 묻힌 인물들은 사후에도 왕을 모시기 위해 순장을 당한 이들로 확인됐다. 기록이 남아 있지 않던 가야 사회의 순장 풍습은 이 발굴을 통해 처음 확인됐다. 최근 발굴에서 순장은 대가야뿐만 아니라 금관가야와 아라가야에서도 행했다는 사실이 밝혀졌다.

단순함의 미학, 대가야 스타일

고대 사회 왕족은 고급 의복과 황금 장식을 통해 높은 지위를 드러내려 했고, 대가야도 예외가 아니었다. 대가야 장신구 가운데 관과 귀걸이는 자체적인 양식이 눈에 띈다. 주변국 장신구에 비해 단순한 편으로, 특히 관의 세움 장식(입식立飾) 도안은 꽃이나 풀에서 모티브를 얻은 것처럼 보인다. 전형적인 대가야 관은 지산동 32호분과 30호분에서 출토됐다.

1978년 계명대박물관이 발굴한 지산동 32호분은 도굴 피해를 입었지만 무덤 주인 발치 쪽 유물이 비교적 잘 남아 있었다. 그곳에서 철제 갑옷과 투구, 각종 무기와 금동관이 출토됐다. 금동관은 주변국에서는 볼 수 없는 전형적인 대가야 양식을 갖춘 것이었다. 1994년 영남매장문화재연구원이 발굴한 지산동 30호분에서도 금동관 1점이 출토됐다. 이 금동관은 지산동 32호분 출토품과 마찬가지로 대가야 양식인데 크기가 매우 작았고 금동관 안에 어린 아이의 두개골이 들어 있다는 점이 특이했다.

현재 지산동 고분군에 봉분을 갖춘 무덤은 704기가 있다. 근래 발굴 결과 땅속에 훨씬 더 많은 무덤이 있다는 사실이 밝혀졌다. 대가야 전성기 무덤이 다수지만 일부는 562년 대가야가 신라에 멸망당한 이후 조성된 것도 있다. 따라서 이 고분군은 역사 기록이 극히 부족한 현실에서 대가야사에 가까이 접근할 수 있는 거의 유

고령 지산동 30호분의 순장곽인 2곽에서 출토된 금동관으로 높이가 7.5센티미터이다. 유아 혹은 소아에게 착장시킨 것이며 지산동 32호분 금동관과 마찬가지로 대가야 양식을 띤다.

일한 사료라고 할 수 있다. 앞으로 대가야사를 제대로 해명할 수 있을지는 이 고분군이 품고 있는 수수께끼를 얼마나 풀어낼 수 있는지에 달렸다.

가야

외교력에 의존하다
몰락한 대가야

─── 지산동 고분군 ② ───

학계 일각에서는 고구려, 백제, 신라 중심의 삼국시대론을 비판하며 사국시대론을 주장한다. 대가야, 소가야, 금관가야, 아라가야 등 가야 여러 나라가 6세기 무렵까지 엄연히 존재했고, 특히 대가야의 경우 국제적 외교 무대에서 활약했다는 점을 근거로 든다. 대가야가 두각을 나타낸 시점은 5세기 후반이다. 그 무렵 백제가 고구려의 침공을 받아 위험에 빠지자 대가야는 백제의 후방을 공격, 섬진강 및 금강 상류 지역을 차지했고 그 여세를 몰아 가야 맹주의 지위를 다졌다.

그러나 강국이 되려던 대가야의 꿈은 한 세기가 채 지나지 않아 위기를 맞았다. 백제와 신라가 대가야를 견제하며 공세를 펴자 힘 한번 제대로 써보지 못하고 역사의 무대에서 사라진 것이다. 강국이 되려 한 대가야의 꿈은 그렇게 물거품이 되었다. 다만 근래 속속 발굴되는 대가야의 유적과 유물이 사라진 왕국의 안타까운 이야기를 우리에게 전해준다.

항구를 획득해 중국과도 거래한 대가야

5세기 이후 대가야는 금관가야를 대신해 가야연맹을 이끌게 된다. 그 무렵 한반도 남부 지역은 평화를 구가했다. 오랫동안 적대 관계였던 백제와 신라가 국혼을 통해 동맹을 맺음에 따라 백제와 친밀한 관계를 유지하던 가야 역시 신라와 가까워졌다. 이러한 사정을 보여주듯 5세기 초의 가야 고분에서는 백제와 신라에서 들여온 각종 귀중품이 쏟아져 나온다.

475년 전쟁이 벌어지면서 한반도 중남부 지역의 평화는 깨지고 말았다. 고구려 장수왕의 대군이 백제의 왕도 한성을 공격해 함락시킨 것이다. 신라는 군사 1만을 보내 구원의 손길을 뻗었지만, 대가야는 그 길에 동참하지 않고 실리를 추구했다. 남원 운봉고원을 차지한 데 이어 무주, 진안, 장수 등 금강 상류로 진출했다. 이 무렵 대가야 영역에 편입된 전북 동부 지역 곳곳에 큰 고분군이 만들어

가야

고령 지산동 32호분에서 출토된 대가야 양식 금동관. 대가야 지배층도 신라나 백제처럼 위세를 드러내기 위해 귀금속 장신구를 만들었음을 보여준다. 국립중앙박물관 제공.

지고 그 속에 대가야 양식 물품이 다량으로 묻힌다.

대가야는 평소 눈독을 들이던 섬진강 하구도 장악했다. 국제무대로 나아가는 데 필요한 항구를 손에 넣은 것이다. 여수 고락산성, 순천 운평리 고분군 등에서 고령산 토기와 함께 현지에서 만든 대가야 양식 토기가 다량 출토되었다. 자신감을 얻은 대가야는 중국 남제南齊에 단독으로 사신을 보내 '보국장군본국왕輔國將軍本國王'

이라는 작호를 받는 등 대내외에 위세를 떨쳤다. 그때 수입한 남제 청자가 가야 유적에서 발굴됐다.

가야연맹을 흔든 백제와 신라의 공세

대가야의 위세는 그리 오래가지 못했다. 6세기 초 왕위에 오른 백제 무령왕과 신라 법흥왕은 대가야를 가만두지 않았다. 무령왕은 5세기 후반 상실한 백제의 옛 땅을 되찾았고, 법흥왕은 낙동강을 건너 가야 여러 나라를 차례로 복속했다. 두 나라의 공세에 가야연맹이 동요하면서 대가야의 위상도 흔들렸다.

신라의 공세가 나날이 강해지자 다급해진 함안의 아라가야는 외교를 통해 자구책을 마련하려 했다. 그 일환으로 529년 함안에서 안라회의安羅會議가 개최되었다. 아라가야는 백제와 왜의 힘을 빌려 신라를 압박했지만 기대했던 성과는 거두지 못했다. 무슨 이유인지 알려져 있지 않지만 대가야는 그 회의에 참석하지 않았다.

한편 신라의 팽창을 우려한 백제 성왕은 가야를 위한다는 명분을 내세우며 541년과 544년에 가야 각국의 유력자들과 왜의 사신을 사비성으로 불러 회의를 진행했다. 그러나 나라마다 생각이 달라서 회의는 큰 성과 없이 끝났다. 2020년 부여 쌍북리에서 발굴된 백제 대형 건물지에서 대가야 토기 조각 여러 점이 출토되었는데, 조사단은 사비회의 때 대가야 사람들이 남긴 흔적일 수 있다는 의견을 제시했다.

대가야는 이후 가야연맹에서 리더십을 잃었고 백제와 신라 사이에서 겨우 국권을 유지했다. 그러다가 결국 562년 9월에 이르러 최후의 날을 맞았다. 진흥왕은 대가야가 신라를 배반했다는 명분을 내세우며 이사부에게 대가야 공격을 명하고 화랑 사다함으로 하여금 그를 보좌하도록 했다. 사다함이 5000명의 기병을 거느리고 먼저 대가야 왕성의 문으로 달려가 흰색 깃발을 세우니 성안의 사람들이 두려워 어찌할 바를 몰랐고 이사부가 군사를 이끌고 다다르자 일시에 모두 항복했다고 한다.

외교력에 의지한 생존법의 실패

한때 한반도 남부를 주름잡던 '큰 가야'가 제대로 싸우지도 못한 채 신라군의 위세에 눌려 항복했다는 사실이 믿기지 않는다. 최후의 날에 보여준 대가야의 모습은 스스로의 힘으로 나라를 지키기보다 외교력에 의존하여 생존하려 한 잘못된 판단에서 비롯된 것은 아닐까? 대가야의 영광을 상징하던 지산동 산정의 거대한 무덤들은 퇴락의 길을 걷게 되었고, 아직 정확한 위치가 드러나지 않았지만 대가야의 왕궁도 폐허로 변했을 공산이 크다.

한편 1992년 발굴된 동해 추암동 신라 고분군에서 대가야 양식 토기가 여러 점 드러났고, 2003년에는 삼척 갈야산에서 수습된 대

6세기 초에 제작된 것으로 보이는 대가야의 목긴항아리. 뚜껑과 몸체 표면에 대나무 칼로 새긴 '大王대왕'이란 두 글자가 또렷하다. 이처럼 대가야는 자국 왕을 '대왕'이라 칭하며 강국을 꿈꾸었지만 백제와 신라의 공세에 쇠락의 길을 걸었다. 충남대박물관 제공.

가야 양식 토기가 공개됐다. 그 가운데는 고령 일원에서 만든 것도 있고 대가야 사람이 현지에서 만든 것도 포함돼 있다. 학계에서는 동해와 삼척에서 대가야 양식 토기가 발굴된 계기를 대가야 유민의 '강제 이주'에서 찾는다. 대가야가 패망하면서 백성들은 졸지에 유민으로 전락했고 자신들의 의지와 관계없이 짐을 꾸려 머나먼

가야

동해와 삼척으로 이주할 수밖에 없었던 것이다. 바닷가의 자그마한 석곽묘에서 드러난 토기 몇 점이 그 시절 대가야 유민들의 고단한 삶을 말해준다.

이처럼 금관가야 대신 가야의 맹주로 떠오른 대가야는 한때 영남 지역의 뚜렷한 강자가 되었지만 그러한 지위를 오래 지키지 못했고 끝내 신라에 복속됐다. 패망한 뒤 대가야 역사 기록이 흩어졌기 때문에 대가야사 연구는 지금도 미궁에 빠져 있다. 그나마 지난 몇 년 동안 대가야 유적 발굴이 많아지면서 대가야의 흥망성쇠를 보여주는 자료가 급증했다. 그에 대한 연구를 통해 대가야사가 온전히 복원되길 바란다.

이름만 남기고 사라진
'다라'의 비밀

옥전 고분군

우리 역사에서 가야는 '미지의 왕국', '잃어버린 왕국'으로 불린다. 가야에 속한 나라가 몇 개국이었는지조차 분명하지 않다. 국명이 전하는 경우라 하더라도 그 나라가 어디에 있었는지 명확하지 않다. 가야에 관한 역사 기록이 제대로 남아 있지 않기 때문이다. 역사서에 종종 등장하는 다라 多羅의 경우가 그러하다.

다라는 임나일본부설의 핵심 근거로 활용된 《일본서기》 신공황후 49년조에 왜倭가 평정했다고 기록된 가야 7국 가운데 하나다. 학계에서는 오랫동안 다라가 합천에 자리했던 것으로 비정해왔지만 실증적 근거는 제시하지 못했다. 그러던 차에 1985년 합천군 쌍책면의 한 고분 발굴 현장에서 다라의 실체가 드러났다.

숲속 폐고분에서 쏟아져 나온 유물

1985년 7월, 경상대박물관 조사팀은 문화재 지표조사에 나섰다가 경남 합천군 쌍책면 성산리 옥전마을에서 도굴로 쑥대밭이 된 고분군을 발견했다. 넉 달 후 '성산리 가야 폐고분 발굴'이라는 이름으로 조사가 시작됐다. 대상으로 삼은 660제곱미터(약 200평)에

옥전 M3호분에서 출토된 철제 말투구 2점 가운데 하나. 얇은 쇠판 여러 매를 이어 붙여 만들었다. 길이 49.5센티미터, 5세기 후반. 국립진주박물관 제공.

옥전 M3호분에서 출토된 용과 봉황무늬가 장식된 큰 칼의 손잡이 부분. 실제 전장에서 쓰는 무기라기보다는 최고 권력자의 권위를 상징하는 물품이었다. 맨 위쪽 둥근 고리 지름 6.3센티미터. 5세기 후반. 국립진주박물관 제공.

고분이 10여 기가량 있을 것으로 추정했으나 발굴을 시작하니 50여 기의 무덤이 묻혀 있었다. 발굴 후 이 유적은 옥전 고분군이라는 새 이름을 갖게 됐다.

1987년 11월에 시작한 2차 발굴에서는 봉분 지름이 21.6미터에 달하는 M3호분을 파기로 했다. 봉분 곳곳에 도굴 흔적이 있어 큰 기대를 품지 않았지만 곧이어 반전이 일어났다. 무덤 바닥에 수백 점의 유물이 고스란히 남아 있었다. 무덤 구조를 모르는 도굴꾼이 무덤 바닥까지 파 내려가지 않고 중도에 철수한 것이다.

목관이 안치된 공간에는 당시 화폐처럼 통용되던 쇠도끼가 121점이나 깔려 있었다. 그와 함께 대장장이의 심벌인 쇠망치, 쇠집게, 숫돌이 출토되었다. 금귀걸이 3쌍, 용과 봉황 무늬가 새겨진 큰 칼 4자루, 금동제 투구와 철제 갑옷, 말투구와 말갑옷 등 범상치 않은 유물도 다량으로 쏟아졌다. 지금까지 발굴된 가야의 왕릉급 무덤에서 이만큼 탁월한 부장품을 갖춘 사례는 없다. 조사단장 조영제 교수는 이 발굴 성과와 합천 일대 고분 분포 양상, 이웃한 마을 이름이 '다라리多羅里'라는 점 등을 연결 지으면서 이 무덤 주인공을 다라 왕으로 특정했다.

도굴꾼이 흘린 '명품 귀걸이' 1짝

3차 발굴은 1989년 4월에 시작됐다. 발굴 대상은 봉분이 가장 큰 지막한 M11호분이었다. 조사 결과 이 무덤은 이전에 발굴된 무덤들과 구조가 달랐다. 여타 무덤은 망자가 지하에 묻혔지만 이 무덤의 경우 지상식이며, 큼지막한 석실에 길쭉한 석축 널길을 갖춘 백제식 석실분이었다.

옥전 M11호분에서 출토된 금귀걸이 1짝. 백제에서 만들어 다라로 전한 것으로 보인다. 길이 9.1센티미터, 6세기 중엽. 국립진주박물관 제공.

내부는 최소 3차례 이상 도굴되어 제 위치에 남아 있는 유물은 거의 없었다. 다만 도굴꾼이 파헤친 흙더미 속에서 몇 점의 유물이 발견되었을 뿐이다. 조사원들의 눈길을 끈 것은 단연 금귀걸이 1짝이었다. 원래는 1쌍이었을 텐데 다른 1짝은 도굴된 것으로 보인다. 이 귀걸이가 공개되자 학계에서는 이 귀걸이가 국보로 지정된 백제 무령왕비 귀걸이와 스타일이 유사하다고 지적하면서 백제 왕이 다라 왕에게 제공한 선물로 추정했다.

M11호분은 옥전 고분군에서 가장 늦은 시기에 축조된 왕릉급 무덤이다. 무덤의 구조뿐만 아니라 출토 유물에서도 백제의 색채

가야

가 확인되므로 6세기 중엽 신라의 서진에 위기감을 느낀 백제가 가야와의 결속을 다지기 위해 노력하던 시대적 상황을 잘 보여주는 것으로 추정해볼 수 있다. 그러나 역사는 백제 편이 아니었다. 554년 관산성 전투에서 백제 성왕이 목숨을 잃자 무게 추는 급격히 신라로 기울었고 끝내 가야는 신라에 복속됐다.

옥전 고분군에서 나온 동로마 유리잔

옥전 고분군 발굴 소식은 다라에 대한 학계의 연구를 촉발했지만 부작용도 생겨났다. 이 고분군이 도굴의 표적으로 떠오른 것이다. 1991년 4월, 경상대박물관 연구원들이 현장을 찾았을 때 발굴되지 않은 대형분 곳곳에 도굴 구덩이가 뚫려 있었다.

7월 22일, 긴급 발굴에 착수하여 도굴된 M1호분에 대한 정밀 조사에 나섰다. 무덤 바닥에 다다르니 도굴꾼들이 이미 M3호분 발굴 정보를 학습한 듯 깊게 파 들어가 많은 유물을 쓸어 간 상태였다. 그나마 도굴의 손길을 피한 곳에 일부 유물이 남아 있었다. 말갑옷 주변을 노출하던 한 조사원의 시야에 유리 조각 하나가 들어왔지만 처음에는 대수롭지 않게 여겼다. 무덤이 교란되면서 근대 이후의 유리 조각이 내부로 쓸려 든 경우가 종종 있기 때문이다. 그래도 버리지 않고 수습한 다음 말갑옷을 통째로 떠서 박물관으로 옮겼다. 이후 박물관 연구실에서 흙을 제거하는 과정 중에 영롱한 빛

옥전 M1호분에서 출토된 유리잔. 옅은 녹색을 띠는 유리그릇으로 표면에는 23개의 남색 점이 표현돼 있다. 동로마에서 만든 전형적 로만글라스에 해당한다. 입지름 9.7센티미터, 5세기 중엽. 국립진주박물관 제공.

을 띤 유리잔이 전모를 드러냈다.

그때까지만 해도 동로마에서 만든 온전한 유리그릇은 경주의 신라 왕족 무덤에서 간간이 출토될 뿐 중국이나 일본에서도 거의 출토되지 않는 희귀품이었다. 학계에서는 이 무덤에서 신라계 유물이 많이 보이는 점에 주목하며, 이 유리잔도 신라를 거쳐 전해진 것으로 추정하고 있다.

근년까지 이어진 옥전 고분군과 그 주변 발굴 과정에서 삼한 시기까지 소급하는 무덤들이 확인되기도 했다. 고분군의 분포 범위가 당초 예상보다 넓다는 점, 그리고 인접한 성산토성이 다라의 왕성이라는 사실도 아울러 밝혀졌다. 옥전 고분군은 국명 하나 겨우 남기고 사라진 다라를 멸망 1400여 년 만에 다시금 역사의 무대로 불러냈으며, '다라는 결코 왜에 평정되지 않았음'을 웅변해주었다. 앞으로 연구를 통해 다라가 무엇을 기반으로 성장했고 고령 대가야와의 관계는 어떠했는지, 백제나 신라는 무슨 이유로 다라에 큰 관심을 기울였는지 등 다라를 둘러싼 여러 비밀이 차례로 해소되길 바란다.

가야연맹의 리더를 꿈꾼 '안라'의 금동관

─── 말이산 고분군 ───

가야는 한 나라로 통일되지 못하고 느슨한 연맹을 이루었다. 가야 연맹은 신라, 백제와 어깨를 나란히 하며 활동했다. 그러나 우리가 알 수 있는 것은 거기까지다. 가야연맹을 구성한 나라가 몇이었는 지, 그 나라들의 정확한 이름이 무엇이었는지 알 수 없다. 가야사 에 관한 기록이 매우 부족하기 때문이다.

그나마 금관가야와 대가야의 경우 건국 신화와 왕계의 일부, 그 리고 멸망 과정에 관한 기록이 전하지만 다른 나라들의 역사는 수 수께끼로 남아 있다. 영남 각 분지의 산등성이에 군집하는 거대한

가야

고총만이 그 옛날 가야의 영화를 웅변할 뿐이다.

학계는 4세기까지 김해의 금관가야, 5세기 이후 고령의 대가야가 연맹의 리더 역할을 한 것으로 보고 있다. 그런데 한 번도 맹주가 되지는 못했지만 늘 그에 준하는 독자성과 영향력을 행사하던 '넘버 투'가 있었다. 바로 경남 함안에 웅거한 아라가야로, 당시에는 안라安羅로 불리던 나라다.

일제가 파헤친 말이산 고분

일제는 조선을 강점한 후 임나일본부의 존재를 밝히기 위해 총력을 기울였다. 김해와 함안에 임나일본부가 있었을 것으로 상정하면서 먼저 김해를 샅샅이 뒤졌지만 흔적을 못 찾자 거대한 고총이 군집을 이룬 함안 말이산 고분군으로 눈길을 돌렸다.

1917년 조선총독부의 이마니시 류 조선고적조사위원이 사전조사를 통해 말이산에서 가장 큰 34호분(현 4호분)을 발굴하기로 결정했다. 이 무덤의 규모는 지름이 39.4미터, 높이가 9.7미터에 달했다. 그는 인부 수십 명을 동원해 무덤을 파헤치기 시작했다. 5일 만에 석곽의 한쪽 벽을 확인했는데, 그는 그곳을 '석실 입구'로 오인하고 벽을 뜯어낸 다음 내부로 들어갔다. 그러고는 유물이 어떤 모습으로 출토됐는지를 보여주는 사진 1장 남기지 않고 하루 만에 유물 160여 점을 반출했다.

당초 예상과 달리 임나일본부의 존재를 증명할 만한 중요 유물은 나오지 않았다. 다만 왜에서 들여온 것으로 보이는 녹각제 칼집 장식이 나왔을 뿐이다. 출토 유물 다수는 토기였다. 그중 수레바퀴 모양의 장식이 달린 토기는 삼국시대 토기 가운데 유례가 드문 것이다. 이 무덤에서는 철제 무기류와 함께 치아 1개, 인골 여러 조각이 수습됐다.

이마니시 류는 보고서에서 이 무덤의 주인공을 안라의 왕이라 특정하고 왜의 무덤과 비교할 때 지방 호족급에 불과하므로 안라의 국제적 위상도 그 정도였을 것이라는 평가를 내놓았다. 또한 이 고분군 어딘가에 왜의 관리들이 묻혀 있을 것이라고 추정했다. 조선총독부는 그 이듬해에도 말이산 고분군에서 무덤 발굴을 이어갔지만 큰 성과를 거두지 못했다. 그렇게 말이산 고분군은 차츰 일제의 관심에서 벗어났다.

신문 배달 학생이 발견한 마갑총

1992년 함안에서 다시금 안라를 일깨운 중요 발굴이 있었다. 말이산 고분군의 북쪽 자락에 해당하는 도항리에서 아파트 신축 공사가 한창이었는데, 배수관 설치를 위한 터를 파던 중 가야 무덤을 훼손했다.

6월 6일 이른 아침, 신문을 배달하던 한 고교생이 그곳을 지나다

유물 조각을 발견하곤 그 사실을 신문지국장에게 알렸다. 평소 문화재에 관심이 많던 지국장이 현지를 확인한 다음 당국에 신고하면서 하마터면 사라질 뻔한 유적이 가까스로 살아남았다. 국립창원문화재연구소(현 국립가야문화유산연구소) 연구원들이 긴급히 투입돼 조사한 결과 훼손된 유적은 무덤구덩이의 길이가 9미터, 너비가 2.8미터에 달하는 대형 목곽묘였다.

훼손된 부분부터 포클레인으로 노출한 다음 온전히 남은 부분의 흙을 조금씩 걷어내자 철판을 엮어 만든 말갑옷이 드러났다. 말의 머리, 목, 몸통을 덮었던 갑옷을 2등분해서 무덤 주인공의 좌우측에 가지런히 묻어준 것이었다. 아쉽게도 왼쪽 말갑옷의 상당 부분이 훼손되어 있었다. 주인공의 허리춤에는 금과 은실로 무늬를 새겨 넣은 장식대도 1점이 원상을 유지한 채 남아 있었다.

그간 고구려 고분벽화를 통해서만 볼 수 있었던 말갑옷의 실물이 확인됐다는 사실이 언론을 통해 공개되자 학자들은 물론 시민들의 반응도 뜨거웠다. 이 무덤은 안라에 대한 연구를 촉발했고 마갑총이라는 이름이 붙여졌다.

금동관에 담긴 맹주의 꿈

2019년 두류문화연구원이 발굴한 도항리 45호분에서는 '역대급' 유물이 쏟아졌다. 이 무덤은 매우 극적으로 발굴됐다. 오랜 세월 봉분 위에 주민들의 생활 쓰레기가 쌓여 있어 무덤인지 알기 어려웠고 1986년의 시굴 조사에서 무덤이 아니라는 의견이 나오면서 방치되다시피 했다. 다시 무덤일 가능성이 제기돼 재조사를 하는 과정에서도 다양한 견해가 나왔는데, 발굴을 벌인 결과 5세기 초에 축조된 안라의 왕릉임이 밝혀졌다.

이 무덤은 구조가 특이하다. 암반층을 깎아내 둥근 봉분 형태를 만들고 다시 그 중앙을 파낸 다음 목곽을 시설했다. 내부에서 안라 스타일의 토기가 다수 출토됐는데, 몇 점의 토기는 배 모양, 집 모양, 사슴 모양을 하고 있어 눈길을 끌었다. 갑옷과 투구, 말갑옷, 각종 철제 무기, 말갖춤도 출토됐다.

가장 주목받은 유물은 금동관 조각이다. 파손된 채 발견돼 아쉬웠지만 주변국 왕관과 디자인이 아주 달랐다. 관테 위에 봉황 2마리가 마주 보는 도상을 갖춘 것으로, 안라의 공방 제작품이다. 이

가야

2019년 경남 함안 말이산 45호분에서 발굴된 5세기 초 안라의 금동관 조각. 주변국 왕관과 판이하게 다른 디자인은 당시 안라의 수장이 독자적인 왕의 지위를 꿈꾸었음을 보여준다. 두류문화연구원 제공.

관이 발굴됨에 따라 5세기 초 이후 안라의 왕 역시 신라, 백제, 대가야의 왕과 마찬가지로 황금으로 장식된 관을 쓰고 높은 지위를 과시했음을 알 수 있게 됐다. 비록 전기 가야연맹에서도 후기 가야연맹에서도 늘 2인자로 취급받았지만 이 금동관은 안라 왕이 스스로 맹주가 되고 싶은 소망을 담아 만든 장식품으로 해석할 여지가 있다.

근래 말이산 고분군에서 무덤 천장에 새겨진 별자리가 확인됐고

1992년 도항리 10호 목곽묘에서 발굴된 5세기 초 고배(굽다리 접시). 다리에 뚫린 불꽃
무늬는 안라 고유의 스타일로 통한다. 국립가야문화유산연구소 제공.

중국 남조에서 수입한 청자가 발굴되기도 했다. 앞으로 또 어떤 자
료가 공개될지 궁금하다. 추가 발굴과 연구를 통해 안라를 감싼 두
꺼운 베일이 모두 걷히길 소망한다.

1900년 전 바닷길을 장악한 남해안의 강소국들

리아스식 해안인 우리나라 남해안은 경관이 수려하고 해산물이 풍부하며, 파도가 잔잔해 오랫동안 해상교통로 역할을 수행했다. 조선의 조운선이 한양으로 향할 때 거쳐 간 길이자 임진왜란 때 이순신 장군이 필사적으로 지켜낸 곳이다. 남해안 항로는 선사시대에 개척되어 삼국시대에 각광받았는데, 소가야가 그 일대를 주름잡았다. 소가야 휘하의 여러 세력이 저마다 포구에 자리잡고 국제교역에 참여하며 성장했다.

 그러나 소가야라는 국명은 알려져 있지만 그 나라가 언제쯤 무엇을 배경으로 성장했다가 왜 역사의 무대에서 사라졌는지는 여전히 수수께끼로 남아 있다. 다만 간간이 발굴된 유적과 유물만이 그 옛날 소가야의 영화를 보여줄 뿐이다.

국제 무역항으로 발달한 '늑도'

남해안 항로에 국제 교역 중심지가 세워진 때는 소가야가 등장하기 훨씬 전인 기원전 2세기 무렵이다. 1979년 부산대박물관 연구원들이 삼천포(현 사천) 앞 작은 섬, 늑도를 찾았다가 우연히 발견한 일군의 토기 조각들이 그 단서를 제공했다.

1980년 이래 단속적으로 실시된 발굴에서 300여 동의 건물지, 200기에 가까운 무덤과 함께 제철 시설이 확인됐으며 수만 점의 유물이 출토됐다. 그 가운데는 현지에서 만든 토기가 주종을 이루지만 중국 한나라 양식 토기와 청동 유물, 일본 야요이시대 토기가 다량 포함되어 있어 글로벌한 분위기를 자아낸다.

학계에서는 이 섬 전체가 하나의 거대한 유적이며 기원전 2세기 ~기원전 1세기 동아시아 국제 교역의 중심지 가운데 하나일 것으로 추정한다. 근래 늑도에서 발굴된 인골들에 일본 야요이인의 인골이 포함돼 있다는 연구 결과가 나와 주목된다.

현재 늑도항은 물고기잡이 배들이 드나드는 평범한 어촌이지만 그 옛날에는 연안을 따라 항해하는 여러 나라 선박들이 기항하던

가야

경남 사천 앞바다 늑도 유적지에서 발굴된 일본 야요이계 토기. 기원전 2세기 무렵 국제
무역으로 유명했던 늑도에 여러 나라 상인들이 장기간 거주했음을 보여준다. 국립진주박
물관 제공.

곳이었고 동아시아 각지에서 온 상인들이 함께 어울리며 자신들
이 가져온 물품을 사고팔던 무역항이었다. 그런데 늑도에서는 기
원후의 유적과 유물이 거의 확인되지 않는다. 그 이유는 분명치 않
으나 아마도 인접한 육지의 포구들이 번성하면서 교역 거점으로
서의 지위를 넘겨주었기 때문일 가능성이 있다.

'포상팔국'의 후예들이 만든 나라

서기 1세기 무렵, 경남 남해안 여러 곳에서 '○○국'이라 불린 자그마한 나라들이 본격적으로 성장했다. 《삼국사기》와 《삼국유사》에서는 그 나라들을 포상팔국浦上八國, 즉 '포구에 자리한 여덟 나라'라고 통칭했다. 그 가운데 골포국(현 창원), 고자국(현 고성), 사물국(현 사천) 등이 포함된다. 그 나라들은 공동의 이익을 추구하려 느슨한 연맹을 이루었고 3세기 초에는 자신들의 이익에 반했기 때문인지 맹주 격인 구야국(현 김해)을 공격하기까지 했다. 그러나 그러한 기록의 실체를 해명할 수 있는 유적이나 유물은 발굴된 바 없다. 다만 포상팔국의 옛 땅에서 5세기 이후 축조된 가야 무덤들이 속속 발굴되고 있다. 포상팔국의 후예들 가운데 일부가 가야 후기에도 여전히 남해안 항로에서 맹활약을 펼쳤음에 틀림없다. 아마도 《삼국유사》에 기록된 소가야가 그들이 만든 나라였을 것이다. 소가야의 실체를 가장 잘 보여주는 유적이 고성 송학동 고분군이다.

1999년 가을에 발굴의 첫 삽을 뜬 이 고분군은 1983년부터 학계의 주목을 끌었다. 한 연구자가 송학동 1호분이 일본 고훈시대 특유의 무덤 양식인 전방후원분이라고 주장했던 것이다. 논쟁이 시작된 지 16년 만에 해당 무덤을 발굴한 결과, 전방후원분이 아니라 무덤 여러 기가 연접된 것임이 밝혀졌다. 가장 큰 석곽은 길이가 8.25미터나 돼 소가야의 왕묘로 봐도 무리가 없다. 도굴을 당했는데도 무덤 곳곳에서 유물이 수백 점 쏟아졌다. 소가야 토기가 가장 많았지만 대가야 토기, 백제 청동그릇, 신라 말갖춤뿐만 아니라 바다 건너 왜에서 들여온 토기도 다수 섞여 있었다.

경남 창원시 마산합포구 현동 고분군에서 출토된 배 모양의 토기. 현동 고분군은 서기 1세기 무렵 남해안 골포국의 후예들 묘역으로 추정되며, 이 토기는 제사 의례에 사용된 것으로 보인다. 삼한문화재연구원 제공.

여타 무덤 발굴에서도 비슷한 양상이 확인됐다. 소가야 왕족 무덤 속에는 다양한 계보를 가진 유물이 함께 묻힌 것이다. 고령의 대가야보다 작아 소가야라 불린 나라. 그 나라가 역사에 이름을 남길 수 있었던 것은 바로 무덤 속 다양한 국적의 유물이 보여주듯 바닷길을 장악하고 국제 교역을 주도했기 때문이 아니었을까?

허무하게 신라에 복속된 소가야

소가야의 등장 시점은 분명치 않다. 다만 소가야 양식 토기가 만들

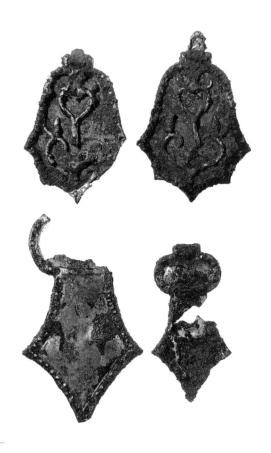

경남 고성군 송학동 1호분에서 출토된 말띠드리개의 한 종류. 소가야가 주변국에서 수입했거나 주변국이 우호 관계 유지를 위해 제공한 것으로 추정된다. 동아대박물관 제공.

어져 널리 유통되고 곳곳에 거대한 무덤이 축조되는 5세기 이후일 공산이 크다. 학계에서는 소가야의 경역을 고성과 사천, 진주, 산청으로 보면서 같은 시기 신라나 백제와 달리 크고 작은 세력이 느슨한 연맹을 이루었을 것으로 추정한다.

소가야의 성장에는 5세기 전반 이래 한 세기 이상 지속된 국제적 평화가 한몫을 톡톡히 했다. 숙적 백제와 신라가 433년 동맹을 맺자 백제의 오랜 우방 가야에도 평화의 시대가 찾아왔다. 그에 따라 백제, 가야, 신라, 왜를 잇는 남해안 항로의 활용도가 높아졌다.

그런데 6세기 중엽 예기치 못한 변수가 생겼다. 551년 한강 유역 영유권을 둘러싸고 백제와 신라가 갈등을 벌이게 되면서 남해안 항로가 불안정해진 것이다. 설상가상으로 554년 관산성 전투에서 가야가 지원한 백제가 신라에 대패하면서 가야는 설 자리를 잃고 말았다. 가야를 향한 신라의 서진은 더욱 가속화되었고 그 과정에서 소가야는 힘 한번 제대로 써보지 못한 채 신라에 복속됐다.

이처럼 극적으로 흘러간 소가야 역사는 아직 연구가 부족해 많은 부분이 베일에 가려져 있다. 소가야가 포상팔국을 어떻게 계승했는지, 소가야를 구성한 세력들은 어떠했고, 그들은 왜 스스로의 힘으로 나라를 지켜내지 못했는지 등 앞으로 밝혀야 할 과제가 수두룩하다. 머지않은 장래에 하나하나 밝혀지길 바란다.

창녕 출토 유물에 감춰진 비화가야의 비밀

고려 때 일연 스님은 《삼국유사》를 지으면서 이전의 역사책을 인용해, 가야 여러 나라의 이름을 열거했다. 그 가운데 비화非火라는 다소 생소한 이름이 등장한다. 그는 비화라는 두 글자에 "지금의 창녕이라 하는데, 아마 고령의 잘못인 것 같다"라고 주석을 달았다.

지난 30년간 가야사 연구가 본격화하면서 이러한 주장은 설득력을 잃었다. 고령에는 대가야가, 창녕에는 '비화'가 있었음이 밝혀졌기 때문이다. 다만 경남 창녕에 웅거한 비화가 가야 일국이었는지, 혹은 신라의 지방 세력이었는지에 대해 논란이 분분하다. 만약 비화가야라면 그 나라의 실체는 어떠했고, 그 나라 사람들은 어떤 흔적을 남겼을까?

세계유산에 등재된 가야 고분군

억새가 아름답기로 유명한 창녕 화왕산 자락에는 크고 작은 무덤 300여 기가 군집을 이루고 있다. 사적으로 지정된 '창녕 교동과 송현동 고분군'이 그것이다. 그 가운데 교동 7호분처럼 봉분 지름이 31미터에 달하는 대형분이 포함돼 있어 그곳에 묻힌 인물들의 생전 지위가 예사롭지 않아 보인다.

이 고분군은 2023년 9월 사우디아라비아에서 열린 유네스코 회의에서 가야 여러 고분군과 함께 세계유산으로 등재되었다. 우리 정부는 등재신청서에 이 고분군을 비화가야가 남긴 것으로 명기했지만 이 고분군 조영 주체를 둘러싼 논란은 여전하다.

이 고분군에 대한 발굴은 1918년 본격적으로 시작됐다. 그해 10월 조선총독부 촉탁 우메하라 스에지 일행은 교동 고분군을 찾아 며칠 만에 2기의 무덤을 발굴했다. 그중 31호분에서 금귀걸이 1쌍을 비롯해 100점 이상의 토기가 쏟아졌다. 그들은 자신들이 발굴한 무덤을 가야 고분으로 여기면서 나중에 발굴품을 임의로 도쿄제실박물관에 기증했다. 이 유물들은 우여곡절 끝에 1967년 국내로 환수됐다.

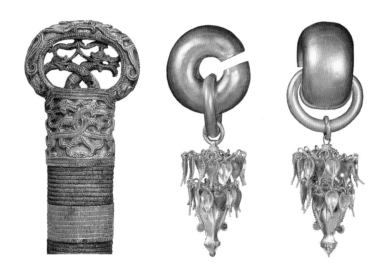

경남 창녕 지역 고분군에서 출토된 유물들. 교동 10호분은 규모가 비교적 작았지만 대가야 왕족의 전유물인 용봉문환두대도(왼쪽)가 출토됐다. 계성 A지구 1호분에서는 신라 양식의 화려한 금귀걸이가 나왔다. 국립경주박물관 제공.

그해 12월에는 고적 조사의 다른 팀 구성원이었던 조선총독부의 야쓰이 세이이쓰 일행이 창녕에 머물면서 크고 작은 무덤 몇 기를 파헤친 데 이어 이듬해 초에 재차 창녕으로 내려와 고분 발굴을 계속해 모두 10여 기의 무덤을 조사했다. 훗날 우메하라는 야쓰이의 발굴에서 "마차 20대, 화차貨車 2량을 충당하고도 남을 정도로 방대한 유물이 출토됐다"고 회상했다.

이 시점의 발굴은 도굴을 촉발했다. 1930년 도굴 신고를 받고 현지를 찾은 총독부 직원은 깜짝 놀랐다. 미발굴된 고분 대부분이 도굴로 훼손돼 쑥대밭이 돼 있었던 것이다. 그곳에서 도굴된 유물들은 오구라 다케노스케, 이치다 지로 등 대구의 일본인 수집가들 손을 거쳐 다수가 일본으로 반출됐다. 그 가운데 중요 유물들이 현재 도쿄국립박물관에 전시 중이다.

일본산 녹나무 목관과 순장자의 인골

창녕 지역 고분군은 2004년 재차 조명을 받았다. 그해 4월 국립 창원문화재연구소는 교동 고분군에 비해 상대적으로 관리 상태가 좋지 않은 송현동 고분군을 정비하기 위한 목적으로 발굴에 나섰다. 대상은 6호분과 7호분이었는데, 마치 경북 경주의 황남대총처럼 2기의 무덤이 연접돼 표주박 모양을 이루고 있었다. 발굴을 마무리하기까지는 2년 가까운 세월이 필요했다. 두 무덤 가운데 늦은 시기에 축조된 7호분에서 많은 유물이 출토됐다.

이 무덤 바닥에 오랫동안 물이 고이면서 펄이 조성된 덕분에 나무로 만든 유물의 보존 상태가 매우 좋았다. 출토 유물 가운데 조사원들의 눈길을 끈 것은 길이가 3.3미터나 되는 길쭉한 목관이었다. 목관을 뒤덮은 펄을 모두 제거하니 녹나무의 속을 파내서 만든 것임이 드러났다. 후속 연구에서는 일본산 녹나무로 만든 배가 목관으로 전용된 것이라는 견해가 나왔다. 목관 주변에서는 밤, 참외

창녕 송현동 7호분 석실 바닥에서 출토된 길이 3.3미터의 목관. 일본산 녹나무로 제작돼 일본과의 교류 관계를 보여주는 자료로 해석되고 있다. 국립가야문화유산연구소 제공.

씨, 복숭아씨 등이 수습됐는데, 무덤 속에 제물로 과일을 넣었음이 밝혀졌다.

조사단은 6호분과 7호분 발굴을 마무리하자마자 얼마 지나지 않아 다시 2년 계획으로 15호분과 16호분 발굴을 시작했다. 두 무덤 역시 표주박 모양을 이루고 있었는데, 15호분은 여러 차례 도굴되어 내부가 어지러운 상태였다. 무덤 안에서 남녀 2인씩 모두 4인의 순장자 인골이 드러났다. 3구는 훼손이 심했지만 여성 인골 1구는 보존 상태가 양호했다. 발굴이 끝난 후 고고학, 유전학, 법의학 전문가들이 공동 연구를 진행해 인체를 복원하고 그녀에게 '송현'이라는 이름을 지어주었다. 이 연구를 통해 '송현'의 키는 153.3센티미터, 나이는 만 16세로 추정됐고 사망 원인은 중독사 또는 질식사라는 결론이 도출돼 안타까움을 자아냈다.

창녕, 비화가야인가 신라의 지방인가?

이 고분군 조영 주체를 비화가야로 설명하는 연구가 많지만 그 문제는 그리 간단하지 않다. 고대 창녕에 웅거한 정치 주체가 비화가야인지 혹은 일찍이 신라에 복속된 지방 세력인지를 확정할 만한 결정적 단서가 부족하기 때문이다. 《삼국사기》의 비지국比只國, 《삼국지》 동이전의 불사국不斯國의 위치를 창녕으로 비정하면서 그 나라가 일찍이 신라에 복속된 것으로 보기도 하고, 《일본서기》에 등장하는 비자발比自㶱, 《삼국사기》의 비사벌比斯伐을 비화가야와 같은 것으로 보기도 한다.

창녕에서 발굴된 유적과 유물은 이러한 단편적 기록을 보완해줄 자료이다. 가장 큰 논점은 이른바 '창녕 양식 토기'를 독자성으로 이해해 이 지역을 가야로 볼 것인가, 혹은 그것을 신라 토기의 지방 양식으로 보면서 창녕을 신라의 지방으로 인식할 것인가 하는 점이다. 신라 양식 금속공예품을 신라 왕이 지역 유력자들에게 하사한 것으로 볼 것인가, 혹은 비화가야 지배층이 자국의 생존을 위해 신라에 손을 내민 결과로 볼 것인가 하는 점도 논란이 되고 있다.

창녕 지역 고분군의 세계유산 등재가 이러한 논란의 끝이 아니라는 점은 분명하다. 세계유산 등재가 관련 연구의 진전을 이끌어 머지않아 창녕 지역 고분군 조영 주체를 둘러싼 학계 및 지역사회의 오랜 숙제가 해소되길 바란다.

가야

단행본

국립경주문화재연구소, 2020,《못 속에서 찾은 신라》.

국립문화재연구소 고고연구실, 2020,《흙 속에서 찾은 역사》.

국립부여문화재연구소, 2009,《부여 왕흥사터 발굴이야기》, 진인진.

국립부여문화재연구소, 2011,《백제의 왕궁을 찾는 20여 년의 여정》, 진인진.

권오영, 2005,《고대 동아시아 문명 교류사의 빛, 무령왕릉》, 돌베개.

김태식, 2016,《직설 무령왕릉》, 메디치미디어.

도재기, 2016,《국보 역사로 읽고 보다》, 이야기가있는집.

동북아역사재단, 2016,《광개토왕비의 재조명》.

신형준, 2017,《신라인은 삼국 통일을 말하지 않았다》, 학고재.

이광표, 2024,《국보 이야기》, 더숲.

이건무 외, 2009,《천 번의 붓질 한 번의 입맞춤》, 진인진.

이기환, 2024,《하이, 스토리 한국사》, 김영사.

이한상, 2004,《황금의 나라 신라》, 김영사.

조유전, 1996,《발굴 이야기》, 대원사.

조유전, 2007,《백제고분 발굴 이야기》, 주류성.

조유전 · 이기환, 2004,《한국사 미스터리》, 황금부엉이.

최병현, 2021,《신라 6부의 고분 연구》, 사회평론아카데미.

최종규, 1995,《삼한 고고학 연구》, 서경문화사.

충청남도역사문화연구원, 2021,《백제왕도 공주》, 메디치미디어.

도록

국립경주박물관, 2001,《신라 황금》, 씨티파트너.

국립경주박물관, 2001,《문자로 본 신라》, 예맥출판사.

국립경주박물관, 2015,《신라의 황금문화와 불교미술》, 국립박물관문화재단.

국립공주박물관, 2021,《무령왕릉 발굴 50년 1971-2021》.

국립대구박물관, 2020,《떴다! 지배자 새로 찾은 이천 년 전 경산 양지리 널무덤》.

국립부여박물관, 2013,《하늘에 올리는 염원 백제금동대향로》.

국립중앙박물관, 1992,《한국의 청동기문화》, 범우사.

국립중앙박물관, 2019,《가야본성, 칼과 현》.

국립진주박물관, 2016,《국제무역항 늑도와 하루노쓰지》.

국립청주박물관, 2020,《한국의 청동기문화》.

대가야박물관, 2015,《고령 지산동 대가야고분군》.

팔수록 더 깊어지는 발굴 이야기

한국 고대사를 다시 쓴 52장면

1판 1쇄 2025년 1월 31일

지은이 | 이한상

펴낸이 | 류종필
편집 | 권준, 이정우, 이은진
경영지원 | 홍정민
교정교열 | 정헌경
표지·본문 디자인 | 석운디자인

펴낸곳 | (주)도서출판 책과함께
주소 (04022) 서울시 마포구 동교로 70 소와소빌딩 2층
전화 (02) 335-1982
팩스 (02) 335-1316
전자우편 prpub@daum.net
블로그 blog.naver.com/prpub
등록 2003년 4월 3일 제25100-2003-392호

ISBN 979-11-94263-26-5   03910